l' ABC*daire*

l'Impress

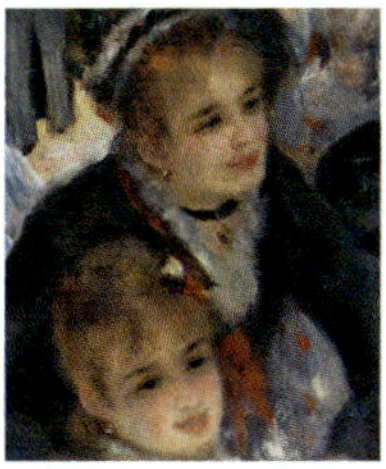

Laurence Madeline
Dominique Lobstein

Flammarion

LES QUESTIONS QUE L'ON SE POSE

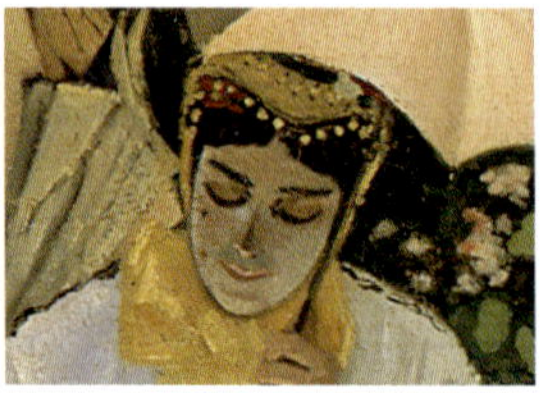

De 1874 à 1886, ceux que l'on a appelés par dérision les impressionnistes exposent en marge du Salon. Mais peut-on parler de groupe ? Cette solidarité apparente ne cache-t-elle pas une ambition esthétique composite, des stratégies diverses ?

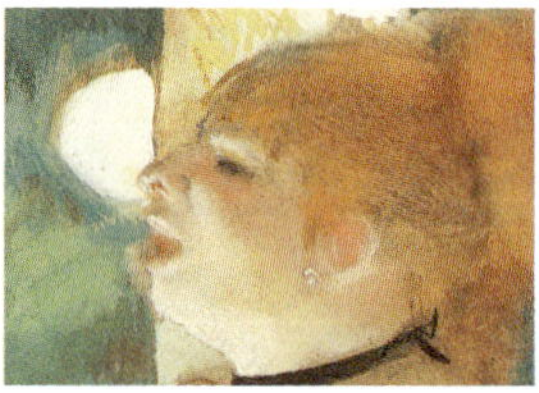

Manet prétend peindre ce qu'il voit, Monet parle d'instantanéité. Pour donner le sentiment de la chose vue, les impressionnistes cherchent à retrouver la spontanéité de l'œil. N'ont-ils pas plutôt exprimé la nature subjective de toute perception ?

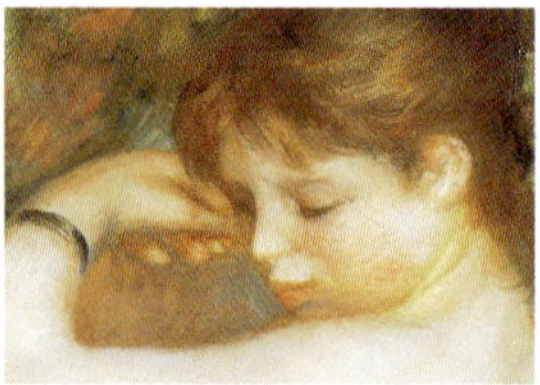

Initiateur de la peinture en plein air, de la couleur pure, voire du tableau sans sujet, l'impressionnisme serait notre première avant-garde. Pourtant son action ne s'inscrit-elle pas dans l'héritage des romantiques et de Courbet ? Et autant que des paysagistes ne sont-ils pas les vrais peintres de la vie moderne ?

COMMENT L'ABC*daire* Y RÉPOND...

Le guide de l'abécédaire p. 6

Il explique comment comprendre l'impressionnisme en regroupant les notices de l'abécédaire selon trois perspectives stylistiques et historiques. Un code de couleurs indique le genre de chaque notice :

■ Les œuvres : les sujets des peintres, l'analyse du style.

■ Le milieu : les peintres, les critiques, les collectionneurs.

■ Le contexte : les courants esthétiques, la pratique picturale, le cadre historique.

À partir de la lecture de ces notices, et grâce aux renvois signalés par les astérisques, le lecteur voyage comme il lui plaît dans l'abécédaire.

L'abécédaire p. 26

Par ordre alphabétique, on trouvera dans ces notices tout ce qu'il faut savoir pour entrer dans l'univers de l'impressionnisme. L'information est complétée par les éclairages suivants :
- des commentaires détaillés de tableaux majeurs ;
- des encadrés qui expliquent les choix thématiques ou stylistiques et précisent le contexte dans lequel ils s'inscrivent.

L'impressionnisme raconté p. 11

En tête de l'ouvrage, le mouvement impressionniste est resitué dans son cadre historique. Cette synthèse reprend l'articulation du guide de l'abécédaire en développant chacun de ses thèmes.

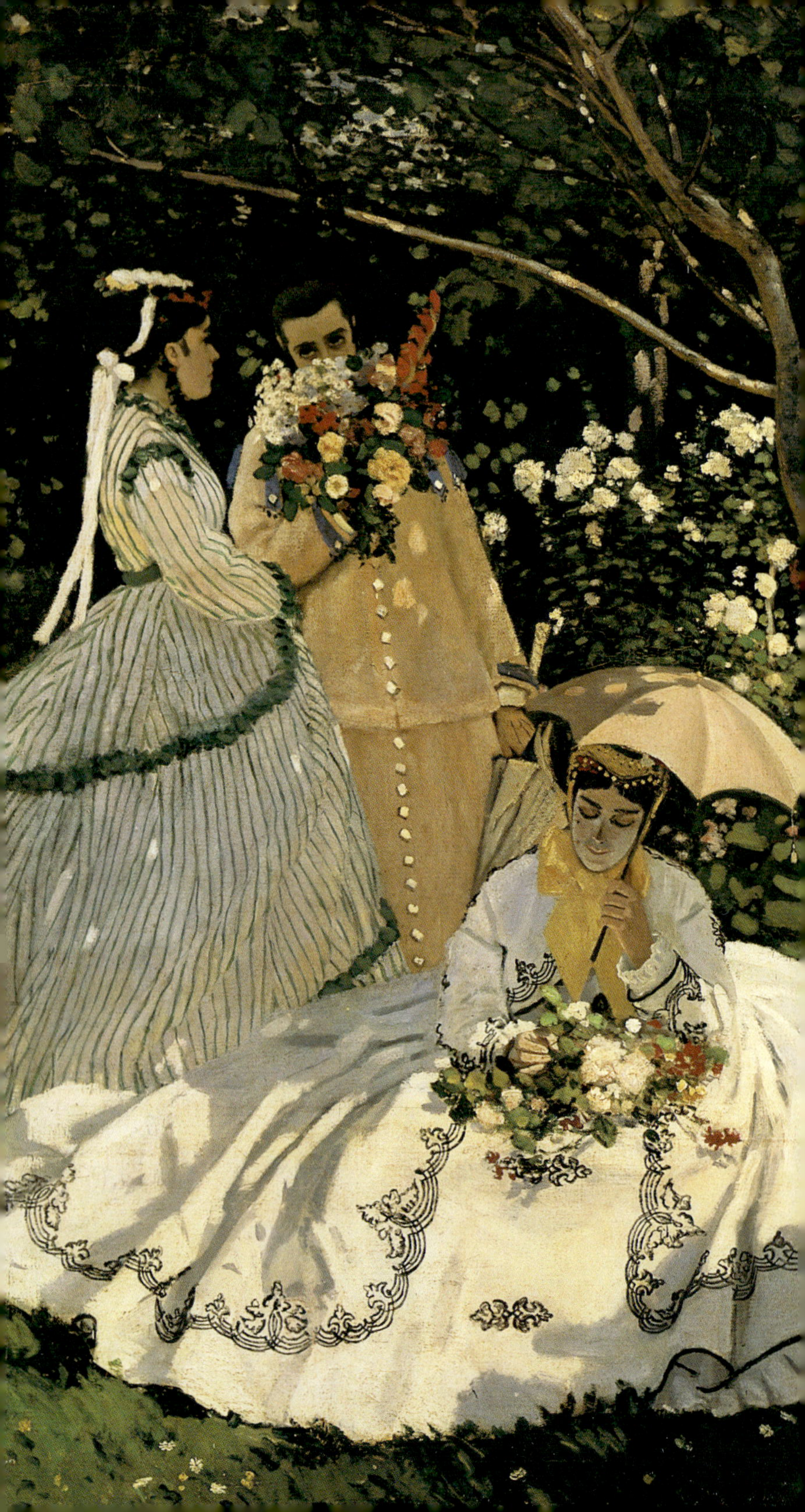

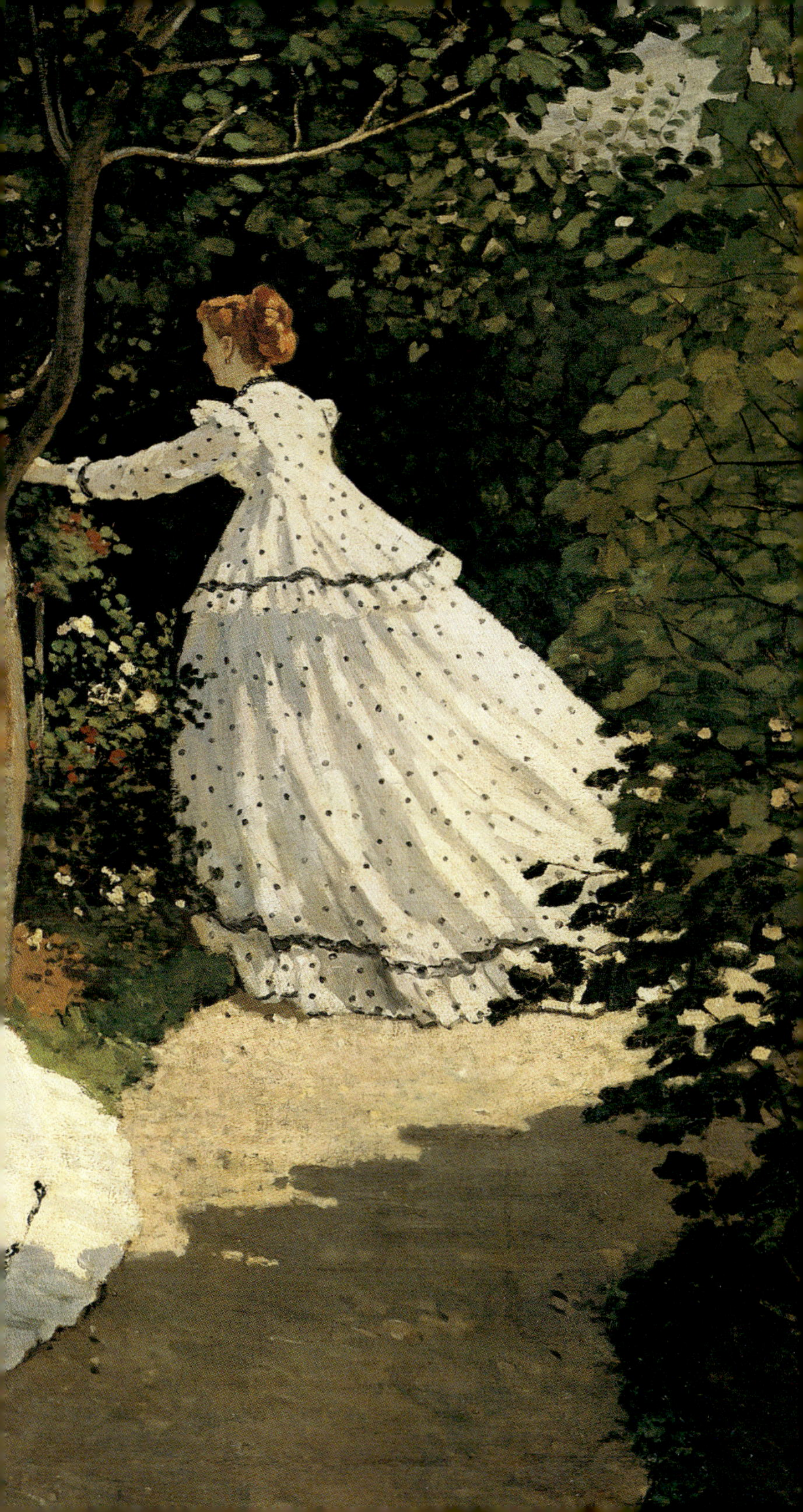

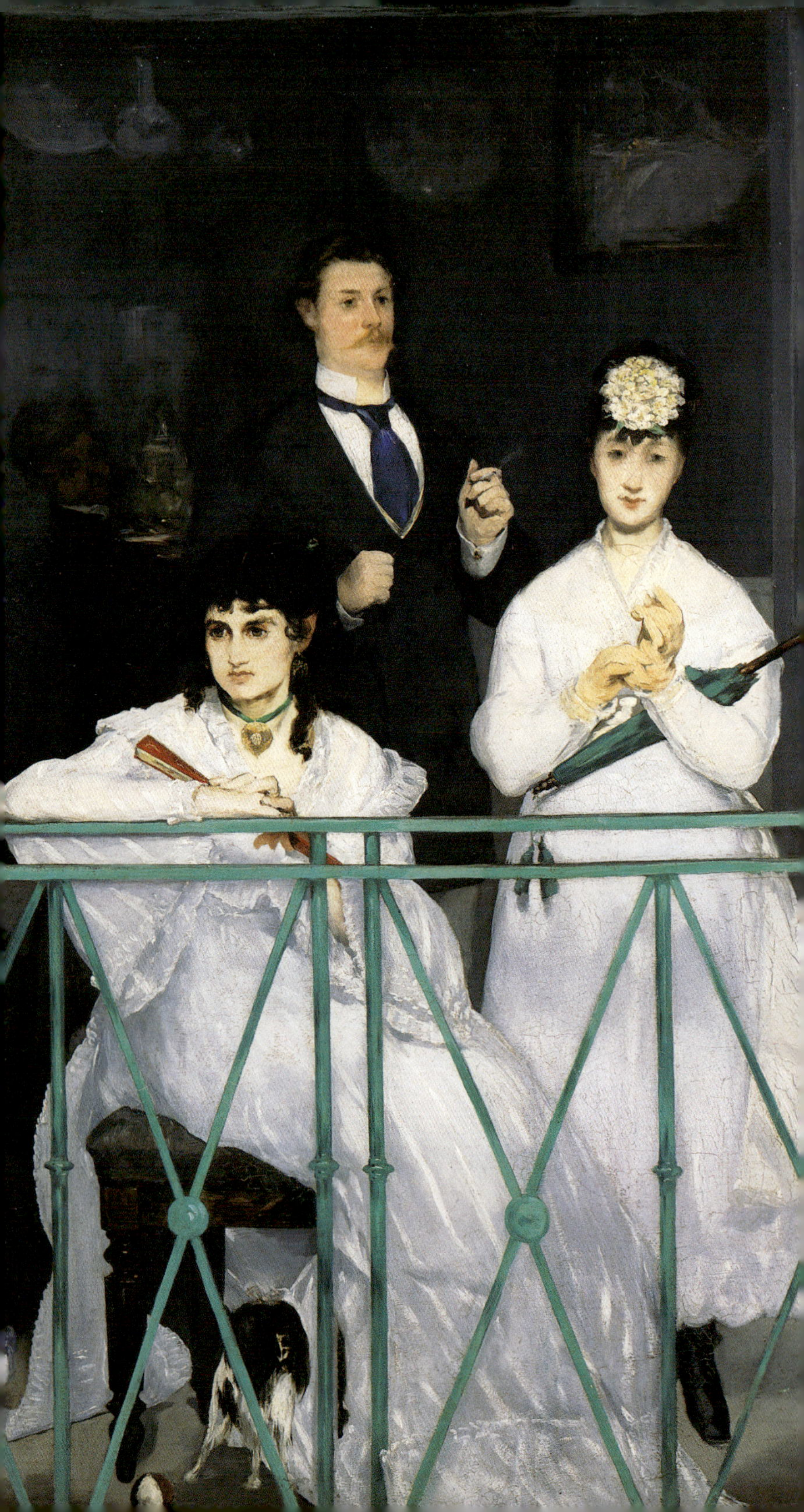

GUIDE

I. L'ÉPOQUE, LES HOMMES

A. Une société en mutation

L'impressionnisme est né durant le second Empire. L'industrie française connaît alors une mutation décisive. Le chemin de fer, la banque, la modernisation des villes et le premier développement du tourisme ont transformé le cadre de vie et les loisirs de la bourgeoisie. Alors qu'on les tient pour de dangereux réfractaires, les impressionnistes sont issus de cette classe. Ils s'en feront les chroniqueurs.

- *Artistes*
- *Danseuses*
- *Expositions universelles*
- *France impressionniste*
- *Gares et trains*
- *Hippodromes*
- *Nouveau Paris*
- *Opéra et café-concert*
- *Société française*

B. Peindre et exposer autour de 1860

Plutôt que de suivre le cursus académique de l'École des beaux-arts, qui favorise l'accès au Salon officiel et aux commandes d'État, c'est dans les ateliers privés, souvent en vogue, que les impressionnistes se forment. Quand elle est refusée au Salon, la nouvelle peinture choisit de se montrer en marge de l'exposition officielle.

- *Apprentissage*
- *Ateliers*
- *Collectionner*
- *Couture*
- *Enseignement académique*
- *Fantin-Latour*
- *Hiérarchie des genres*
- *Manet*
- *Marchands et marché*
- *Pompiers*

C. Le groupe impressionniste (1874-1886)

Entre 1874 et 1886, il y aura huit expositions impressionnistes. En dehors de Pissarro, aucun peintre ne sera présent à toutes. Cette réunion d'artistes réalistes est moins un groupe homogène, idéalisé ou stigmatisé par la critique, que le fruit de solidarités circonstancielles se redéfinissant à chacune des manifestations. De plus, l'essor du marché de l'art privé achève de troubler les règles du jeu.

- *Duret*
- *Espace public*
- *Femmes peintres*
- *Geffroy*
- *Groupe*
- *Mallarmé*
- *Maupassant*
- *Nouvelle Athènes*
- *Oubliés*
- *Rivière*
- *Salon*
- *Zola*

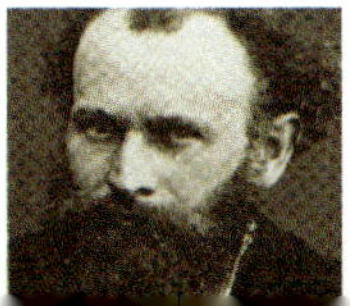

II. L'INVENTION DU PLEIN AIR

A. Les origines

La naissance de l'impressionnisme est indissociable d'une transformation plus ancienne de la peinture d'histoire comme du paysage. Dans le premier cas, c'est Courbet qui a ouvert la voie en imposant la modernité des sujets et un style hostile à tout idéalisme. De l'autre côté, l'école de Barbizon communique le souci d'une vision plus franche et intime de la nature aux jeunes artistes, marqués aussi par la clarté et la simplification de l'estampe japonaise.

- *Angleterre*
- *Corot*
- *Courbet*
- *Espace*
- *Estampe*
- *Japonisme*
- *Origines*

B. Réinventer le paysage : la touche impressionniste

Pour restituer à la fois le sentiment de la chose vue et l'impression de sa fugacité, le peintre cherche à retrouver l'innocence du regard premier. Par des cadrages nouveaux, une perspective neuve, une facture hachée, le tableau s'accorde à la palpitation lumineuse et au rythme du motif, à la dynamique d'une perception active.

- *Bords de Seine*
- *Chevreul*
- *Côtes de la Manche*
- *Gelée blanche*
- *Giverny*
- *Hiver*
- *Innocence de l'œil*
- *Inondation*
- *Peindre sur le motif*
- *Proust*

C. Les heures et les jours : la loi des séries

Variant avec la lumière, le motif se dissoud lui-même dans la succession des ses états. Avec la série des meules, puis des peupliers et des cathédrales, Monet après 1890 traque l'« instantanéité » en fixant différents moments de la journée. Le temps se constitue d'un tableau à l'autre et ce passage compte autant que l'œuvre en soi.

- *Couleur*
- *Dernières années*
- *Impression*
- *Instantanéité*
- *Lumière*
- *Monet*
- *Nymphéas*
- *Photographie*
- *Série*
- *Venise et Londres*

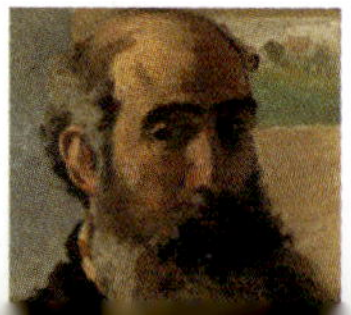

III. L'AUTRE MODERNITÉ

A. Renoir et les peintres de figure

Parmi les artistes impressionnistes, Duret en 1878 recourt à la distinction traditionnelle entre paysagistes et peintres de la figure humaine. À cette époque, il est vrai, Monet s'attache davantage aux vues des bords de Seine que Renoir, portraitiste et chantre du nu féminin. De la tension qui existe entre la technique impressionniste et la densité du corps humain, Cézanne tirera un parti magistral dans ses ultimes baigneuses.

- *Cézanne*
- *Duret*
- *Femmes à la toilette*
- *Figure et paysage*
- *Hippodromes*
- *Nu*
- *Orchestre de l'Opéra*
- *Portraits impressionnistes*
- *Renoir*
- *Vue du village*

B. Les chroniqueurs de la vie moderne

C'est en marge du pleinairisme, voire en lutte contre les paysagistes, que se définissent Degas et son clan. Admirateur d'Ingres, il délaisse pourtant la mythologie pour le Paris moderne, peint les cafés, les boulevards, les bordels, la déambulation, le travail, l'hygiène recluse. Sans la moindre effusion, Caillebotte suivra cette voie.

- *Alcoolisme*
- *Baudelaire*
- *Caillebotte*
- *Danseuses*
- *Degas*
- *Gares et trains*
- *Nouveau Paris*
- *Nouvelle Peinture*
- *Prostitution*
- *Rue*
- *Rue Montorgueil*
- *Travail*

C. Après l'impressionnisme

Parce qu'il suppose la nécessité de l'observation autant qu'il libère la subjectivité du regard, l'impressionnisme est riche de prolongements inattendus. Même la réaction qui se fait jour dans les arts au milieu des années 1880 s'est nourrie de son exemple. Cézanne et Seurat ne le confirment pas moins que les exotiques Bretons de Gauguin.

- *Cézanne*
- *Dernières années*
- *Gauguin*
- *Néo et post-impressionnisme*

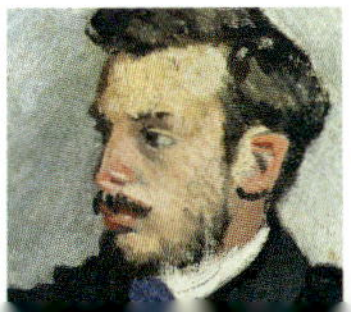

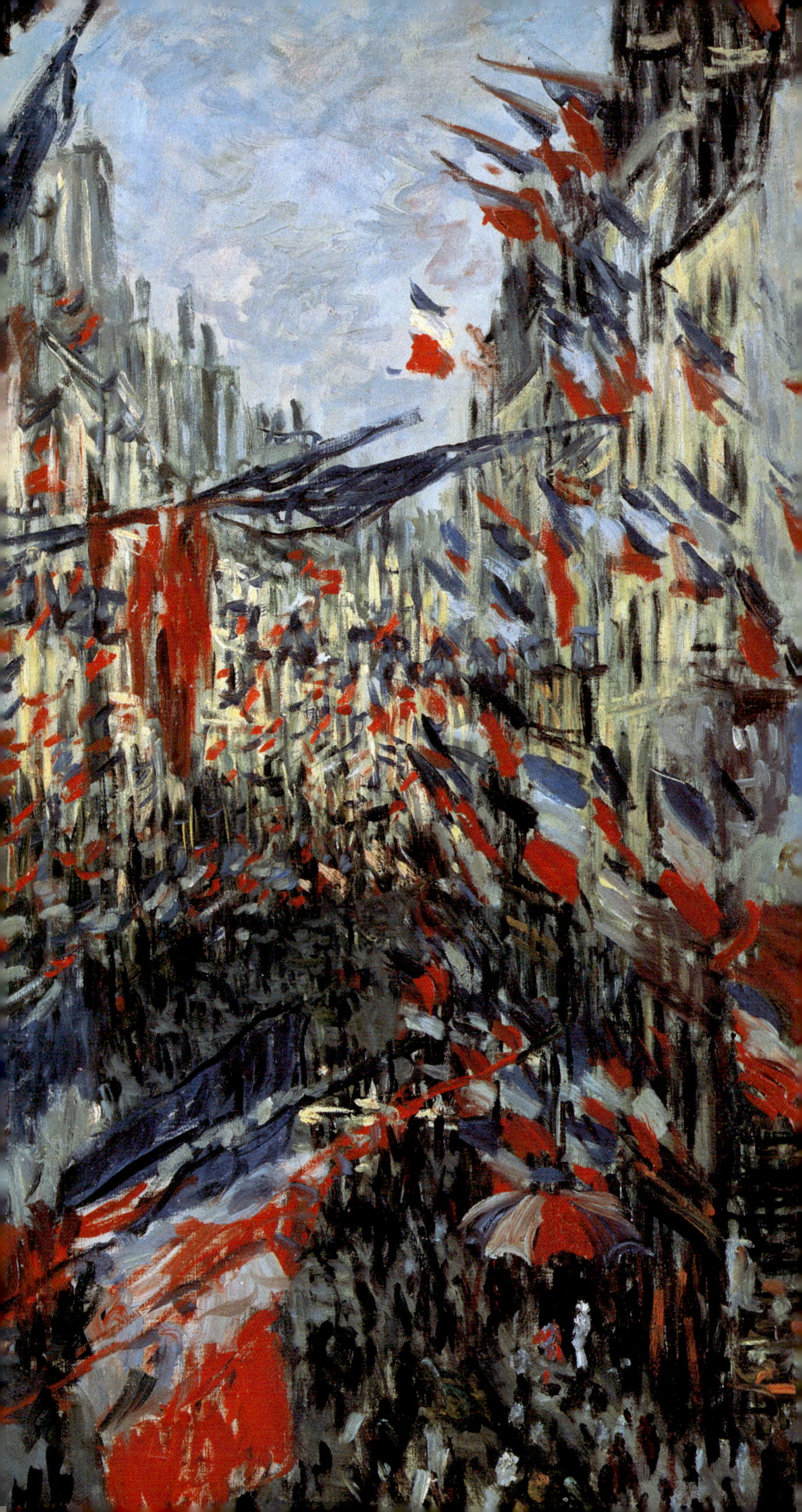

L'IMPRESSIONNISME RACONTÉ

« En France, les écoles ne font leur chemin que lorsqu'on les a baptisées, même d'un nom baroque » déclarait Zola*. L'« impressionnisme » ne déroge pas à cette règle dissimulant derrière son apparente clarté une foule de malentendus. Ne réunit-il pas sous une seule bannière des personnalités diverses et des styles variés ? Devenu synonyme absolu de peinture claire, le mot est évidemment réducteur. On le sait, il vient du titre d'un tableau de Monet*, *Impression, soleil levant* exposé en 1874. Aussitôt repris, mais sarcastiquement, par le critique Louis Leroy, pour stigmatiser l'inachèvement dans lequel semblaient être restées les œuvres, « impressionnisme » a d'abord valeur péjorative. Pour autant, et bien qu'insatisfaisante – Degas* n'aura de cesse de la rejeter –, l'appellation rejoint et atteste la filiation au naturalisme dont le nouveau courant est issu. Pour se référer une nouvelle fois à Zola, ami de Cézanne* et partisan de Manet*, qui accompagna dans les années 1860 la genèse du mouvement, « l'œuvre d'art c'est un coin de la création vue à travers un tempérament ». Car l'impressionnisme n'est en rien l'enregistrement passif de données visuelles, mais affirme la subjectivité du regard.

I. L'ÉPOQUE, LES HOMMES

A. Une société en mutation

C'est au cours du second Empire que prend racine l'impressionnisme : une peinture qui rend compte, tableau après tableau, des formidables métamorphoses d'un pays et de sa capitale happés depuis une vingtaine d'années par le rythme d'une modernisation accélérée, dont l'Exposition* universelle de 1867 constitue la vitrine.

« Tout marche, tout grandit, tout s'augmente autour de nous [...]. La science fait des prodiges, l'industrie accomplit des miracles, et nous restons impassibles, insensibles, méprisables, grattant les cordes faussées de nos lyres, fermant les yeux pour ne pas voir, ou nous obstinant à regarder vers un passé que rien ne doit nous faire regretter. On découvre la vapeur, nous chantons Vénus, fille de l'onde amère ; on découvre l'électricité, nous chantons Bacchus, ami de la grappe vermeille. C'est absurde ! » C'est ainsi qu'en 1858, Maxime Ducamp souligne la différence qui s'accuse entre la civilisation industrielle et l'art de son temps. Au contraire, le mouvement impressionniste fait le choix de la modernité, et se plaît dès les années 1860 à représenter les loisirs et l'intimité familiale de la bourgeoisie citadine. L'expansion des transports ferroviaires permet de gagner plus rapidement la campagne ou le bord de la mer. Et les jeunes artistes sont du voyage. Tous, ou presque, ont vécu dans leurs familles l'expansion écono-

Claude Monet, *La Rue Saint-Denis, fête du 30 juin 1878*, 1878. H/t 76 × 52. Rouen, musée des Beaux-Arts.

mique et l'ascension de la bourgeoisie. Tous, ou presque, ont baigné dans un milieu raffiné et cultivé. Les impressionnistes ont été témoins de l'haussmannisation de Paris, de l'extension des loisirs, de l'émergence d'une société prônant de nouvelles valeurs. Parce qu'ils furent régulièrement rejetés du Salon*, on a voulu, dès le XIXe siècle, en faire des révoltés, des révolutionnaires. C'est pourtant en bourgeois qu'ils posent pour Bazille* (*L'Atelier de la rue La Condamine*) et pour Fantin-Latour* (*Un atelier aux Batignolles*). Costumes sombres, chemises blanches, cheveux disciplinés... On est loin des images du rapin bohème de Murger ou du peintre maudit. C'est au sein d'une bourgeoisie sage, parfois agitée de liaisons sentimentales condamnées par les mœurs du temps, que se déroule la carrière de ces peintres. Maisons particulières, bonnes ou servantes : ils aiment leur confort que l'irrégularité des rentrées d'argent a souvent menacé : « Belle affaire vraiment d'être bourgeois sans le sou » se lamente Pissarro*.

Caricature, extraite du *Charivari*, 1879.

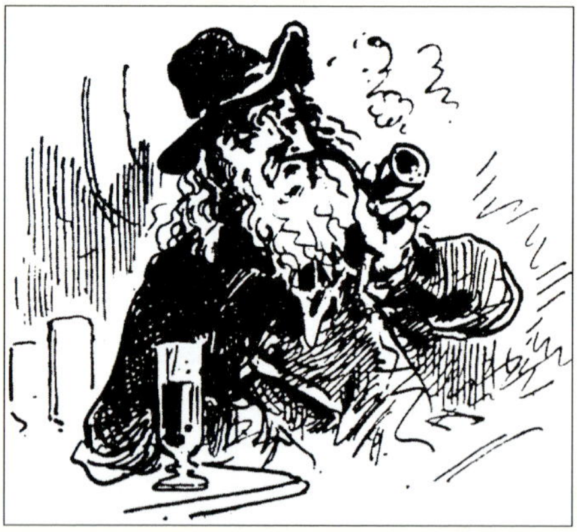

– Ex-refusé, ci-devant réaliste, antérieurement impressionniste, intentionniste, luministe, actuellement nihiliste.

En 1874, une république désenchantée et prudente, la troisième, a remplacé l'optimisme criard et aveugle de l'Empire qui a sombré en 1870. On peut penser que l'avènement d'un nouveau régime politique aurait favorisé le libéralisme dans les arts. Il n'en est rien. Profondément choquée par les événements de 1870 et 1871, la société* française attend de l'art qu'il remplisse une mission moralisatrice et édificatrice. Il faudra attendre les années 1880 pour que l'État desserre sa mainmise sur les arts, sous la pression, entre autres, des artistes indépendants ou réfractaires au Salon.

B. Peindre et exposer autour de 1860

Les longues études, encadrées par des doctrines nées dans un autre siècle et diffusées par l'École des beaux-arts, ne suscitent pas l'adhésion enthousiaste des impressionnistes. Il convient cependant de ne pas faire du groupe* une génération spontanée de talents formés librement. L'École a joué un rôle important dans la formation de Renoir*, Degas ou encore Caillebotte*. Quoique fortement codifié, l'enseignement* académique offre quelques échappatoires, comme la copie rituelle au musée du Louvre*, où peut se découvrir, au détour

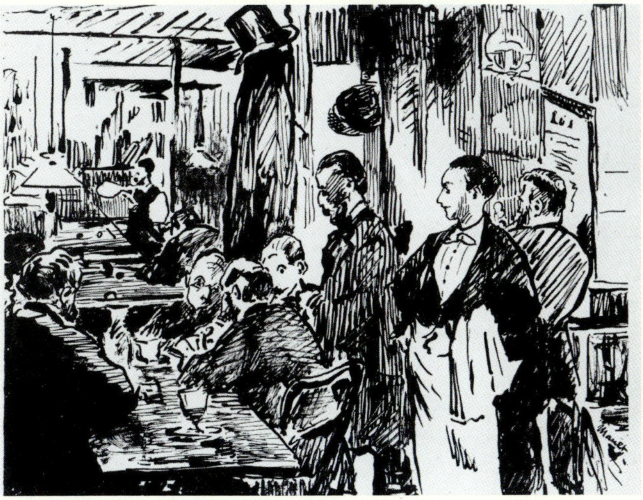

Édouard Manet, *Le Café*, 1869. Autographie 26,4 × 33,4. Boston, Museum of Fine Arts.

d'un maître dûment recommandé, une liberté de composition ou de facture imprévue. En dehors de l'École où jusqu'en 1863 seul le dessin est admis, les apprentis-rapins se choisissent des maîtres exerçant dans des ateliers* indépendants pour parfaire leur apprentissage* : Couture* pour Manet, Gleyre pour Monet, Bazille, Sisley* et Renoir, professeurs qui se révèlent plus libéraux qu'on l'a longtemps dit. L'enseignement de Gleyre préconise par exemple l'ébauche rapide et surtout l'étude en plein air qui demeure cependant un simple exercice, alors que les impressionnistes, guidés par Monet, en feront l'une des clefs de leur formation.

Vers 1860, le Salon est quasiment le seul lieu, en tout cas le plus prestigieux, pour exposer et vendre les œuvres. Si selon Manet « exposer est la question vitale », il est temps de trouver une parade aux refus répétés du jury académique, tout puissant, arbitraire, imprévisible et versatile. Suite aux scandales que provoquent *Le Déjeuner* sur l'herbe* et *Olympia* auprès du public et des critiques lors du Salon des refusés de 1863 et du Salon de 1865, Manet, à l'exemple de Courbet*, décide d'ouvrir, au moment de l'Exposition universelle de 1867, un pavillon indépendant et d'y exposer cinquante toiles. Parallèlement, Monet, Bazille, Renoir, Pissarro, Sisley, Cézanne et Degas envisagent d'exposer ensemble en marge de l'Exposition universelle et du Salon officiel de cette même année. Le projet n'aboutit pas. Il révèle toutefois l'existence d'un groupe de jeunes peintres, bien constitué, décidé à imposer sa peinture, en dépit des obstacles élevés par les institutions et par le jury du Salon notamment.

Double page suivante : Édouard Manet, *Olympia*, 1863. H/t 130,5 × 190. Paris, Orsay.

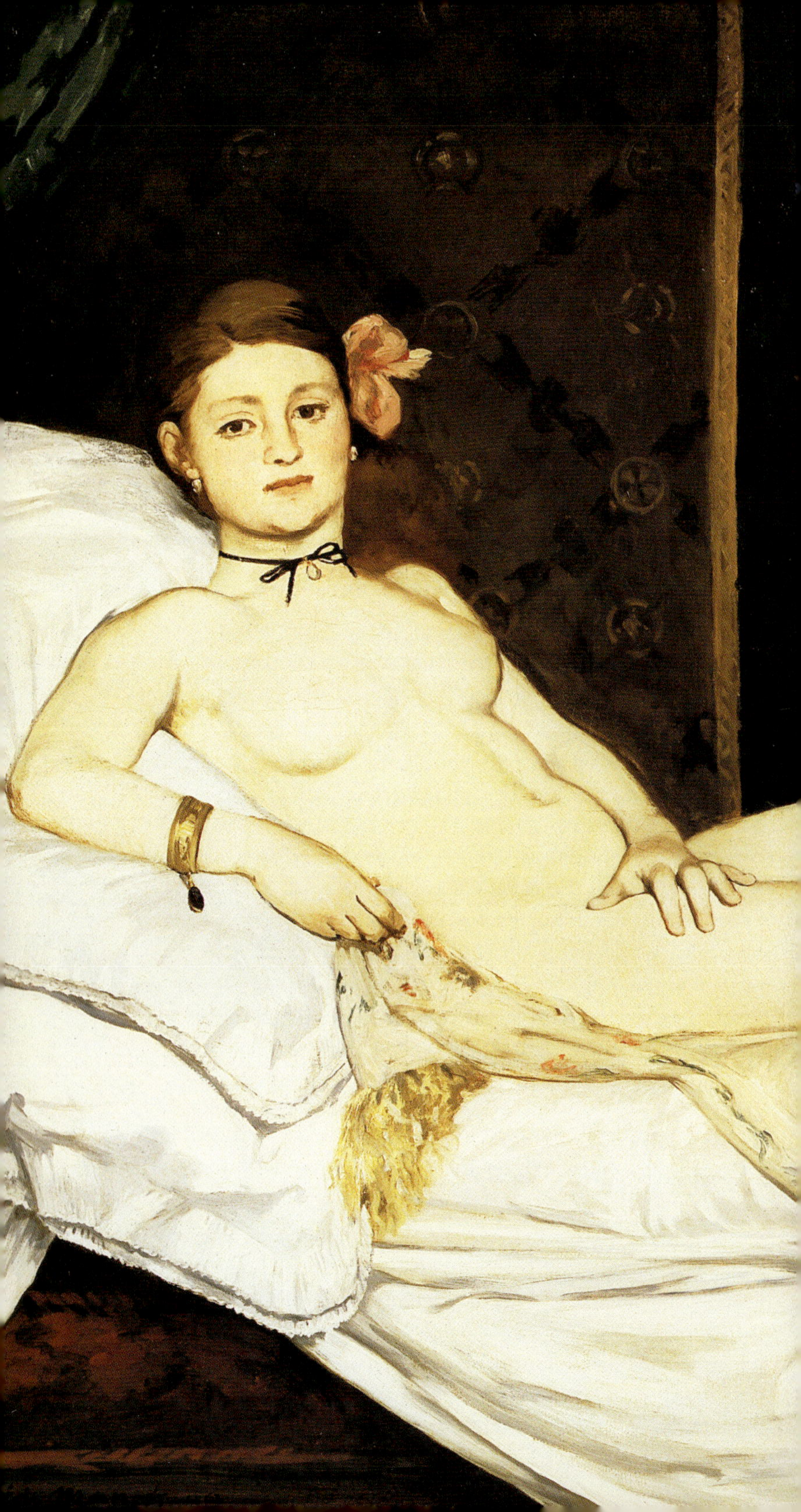

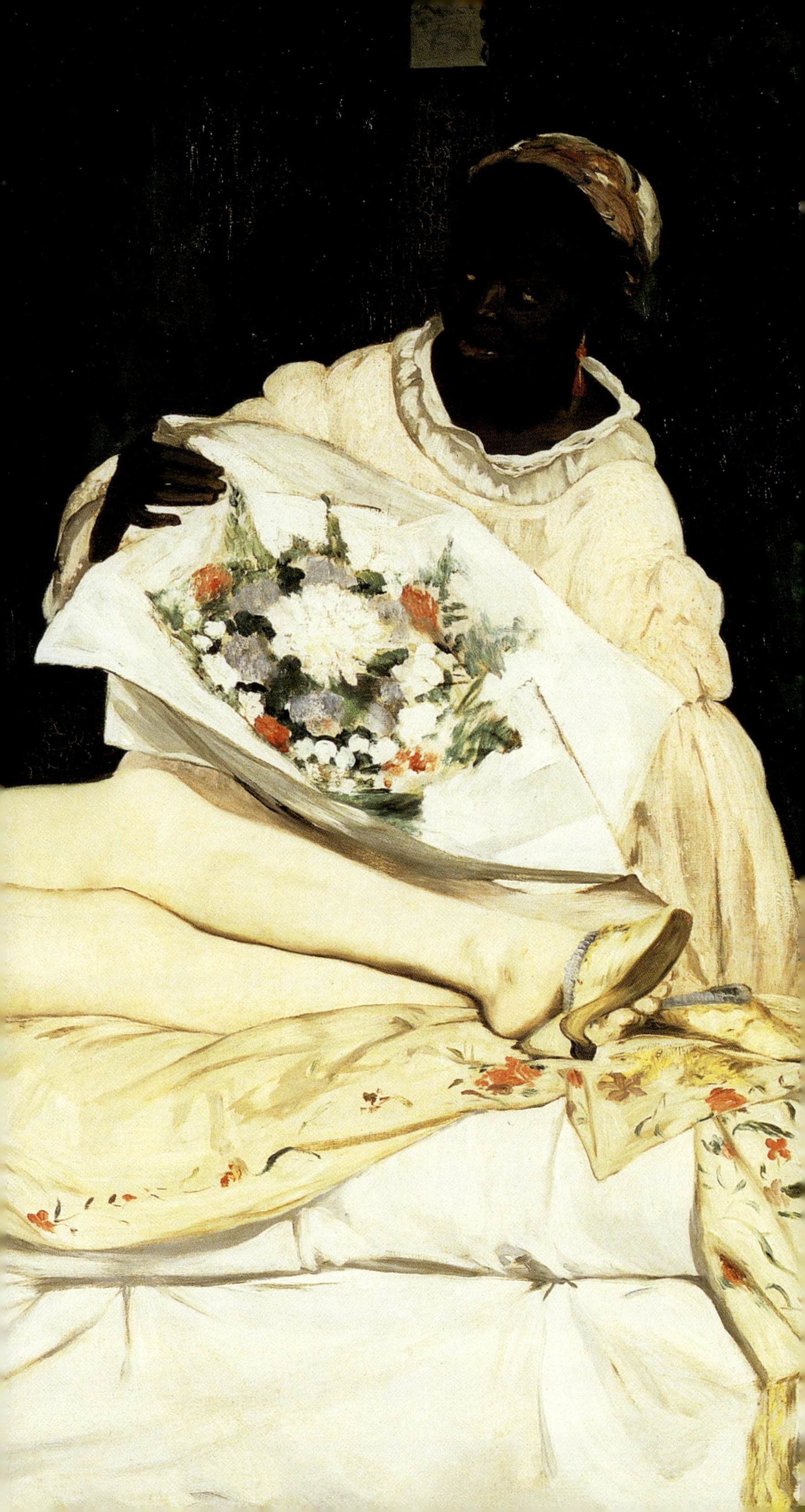

C. Le groupe impressionniste (1874-1886)

Le 15 avril 1874, quelques jours avant l'inauguration du Salon, s'ouvre, dans l'ancien atelier du photographe Nadar, boulevard des Capucines, la première exposition de la Société anonyme coopérative des artistes, dont les statuts ont été publiés en 1873. Le noyau, composé de Monet, Degas, Renoir, Cézanne, Pissarro, Sisley, Morisot* s'est formé à l'occasion de diverses rencontres – atelier Gleyre, académie Suisse, musée du Louvre –, s'est consolidé lors de discussions au café Guerbois ou à La Nouvelle* Athènes, alimentées par les avis des critiques favorables aux peintres, Edmond Duranty, Philippe Burty, Paul Alexis ou Zola. Deux idées majeures fédèrent ce groupe par ailleurs composite : le choix de peindre des sujets modernes dans une facture neuve, et le refus de la sanction d'un jury auquel ils ne reconnaissent aucune autorité.

Investi de la noble mission de célébrer annuellement la grandeur de l'art français, le Salon est surtout, en ce début des années 1870, le lieu unique pour éveiller l'intérêt d'éventuels clients. Un marché de l'art s'est déjà constitué sous Louis-Philippe. Mais s'agissant des impressionnistes, il faut encore quelques années aux marchands* Paul Durand-Ruel et Georges Petit pour élaborer de véritables stratégies commerciales. Bien que très hétéroclite, le groupe adopte dans les premiers temps une tactique commune pour parvenir à contrer l'hégémonie du Salon : exposer dans un espace privé, vendre, rencontrer des amateurs. Cependant, très vite, les artistes se désunissent, découragés par le peu de succès de leur entreprise ou parce qu'ils se sentent suffisamment forts pour affronter le Salon, qui a conservé son aura. Cézanne exposera seulement deux fois avec ses amis. Seul, Pissarro restera fidèle aux huit expositions. Le cas de Monet est exemplaire : à l'origine de la création de la Société anonyme, il retourne cependant, dès 1880, au Salon, où il est admis avec beaucoup de réserve, avant de privilégier des expositions personnelles qui établissent définitivement sa réputation. Soucieux de sa carrière, il se sent également irrité par la sourde rivalité que nourrit Degas, dont les émules prolifiques envahissent et dénaturent les expositions impressionnistes.

En effet, le groupe abrite, depuis sa naissance, le germe d'une rupture latente qui aboutit à sa dislocation après l'exposition de 1886. L'impressionnisme n'est pas un mouvement un et indivisible. Sans que les positions soient toujours aussi tranchées, les paysagistes pleinairistes et les chroniqueurs de la vie moderne rivalisent pendant onze ans avant de se séparer.

II. L'INVENTION DU PLEIN AIR

A. Les origines

« Les impressionnistes ne se sont pas faits tout seuls, ils n'ont pas poussé comme des champignons. Ils sont le produit d'une évolution régulière de l'école moderne française » répondait Duret* à ceux qui semblaient s'étonner de l'apparition de ces peintres, et il les rattachait alors au naturalisme, à Courbet, à Corot*, à Barbizon et aux rénovateurs anglais du paysage. De ces derniers (Turner, Constable), ils ont retenu une perception lyrique et naturaliste du paysage, des ciels mobiles et des espaces mouvants. Les impressionnistes ont hérité de l'école de Barbizon l'étude des changements atmosphériques ainsi que la notion même d'impression. Ils ont emprunté à

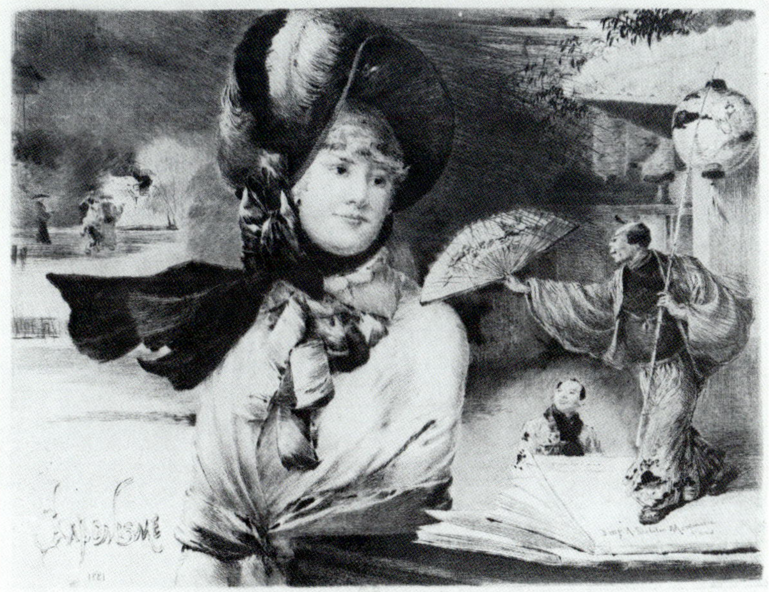

Henri Somm, *Japonisme*, 1881. Eau-forte 24 × 31,8. Paris, Bibliothèque nationale.

Courbet non seulement la force de s'affranchir du Salon et de la hiérarchie* des genres, mais aussi et surtout une palette colorée, vive et âpre, ainsi qu'un goût puissant pour la nature et la figure humaine. Manet avait été trop proche de Courbet pour ne pas voir en lui un rival, contrairement à Monet qui, en le conviant à s'asseoir parmi les pique-niqueurs de son *Déjeuner sur l'herbe*, reconnaît la jeunesse et la force de son œuvre.

Parallèlement, l'art japonais, qui avait fait une première apparition lors de l'Exposition universelle de 1855, connaît un succès prodigieux au sein de la société. La découverte de l'estampe* japonaise

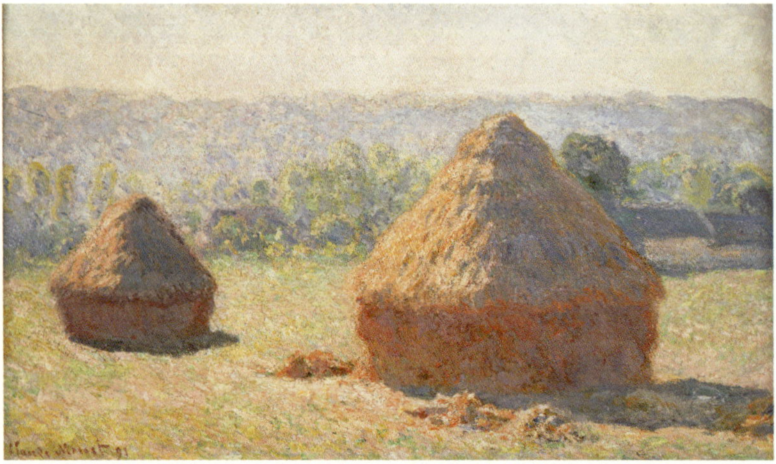

Claude Monet, *Les Meules ; fin de l'été*, 1891. H/t 60,5 × 100,5. Paris, Orsay.

conforte les jeunes artistes dans leur choix d'une peinture claire et synthétique, d'une nouvelle approche de l'espace*, du dessin et de la couleur. De plus, les gravures ignorent les principes de la perspective classique pour privilégier les horizons élevés, les effets de surplomb et la perspective axiale qui traduisent, au-delà de la liberté du regard, le sentiment de la chose vue.

B. Réinventer le paysage : la touche impressionniste

L'apport majeur des impressionnistes serait d'avoir réinventé le paysage, d'avoir fixé l'émotion fugitive que suscite l'aspect changeant de la nature, d'avoir enfin libéré la toile de tout intellectualisme pour tenter de retrouver l'innocence* de l'œil dont parlait Proust*. Cette réinvention procède, selon le critique Duret – qui ne voyait l'impressionnisme que dans les paysages –, de la rencontre organisée d'un tableau de Barbizon et d'une estampe japonaise sur les bords* de Seine ou les plages de la Manche. Mais l'impressionnisme n'est pas le simple résultat de ces influences croisées : si langage nouveau il y eut, c'est qu'il s'agissait de restituer la nature dans ses effets transitoires et son intensité première. En somme, peindre l'eau*, l'air, embrasser l'espace sans souci de formules rabâchées. La couleur* prise à larges touches rompues éclaire jusqu'aux ombres du paysage. De plus, avec les impressionnistes – Monet et Cézanne en particulier – le paysage, genre encore mineur et souvent anecdotique au début des années 1860, rejoint les plus hautes expressions de la peinture. Au-delà du motif intimement scruté, la dimension panthéiste de la nature et son essence même (Giverny*) s'imposent à travers le frémissement lumineux du motif.

Claude Monet, *La Cathédrale de Rouen. Le portail et la tour Saint-Romain, plein soleil. Harmonie bleue et or* (détail), 1894. Paris, Orsay.

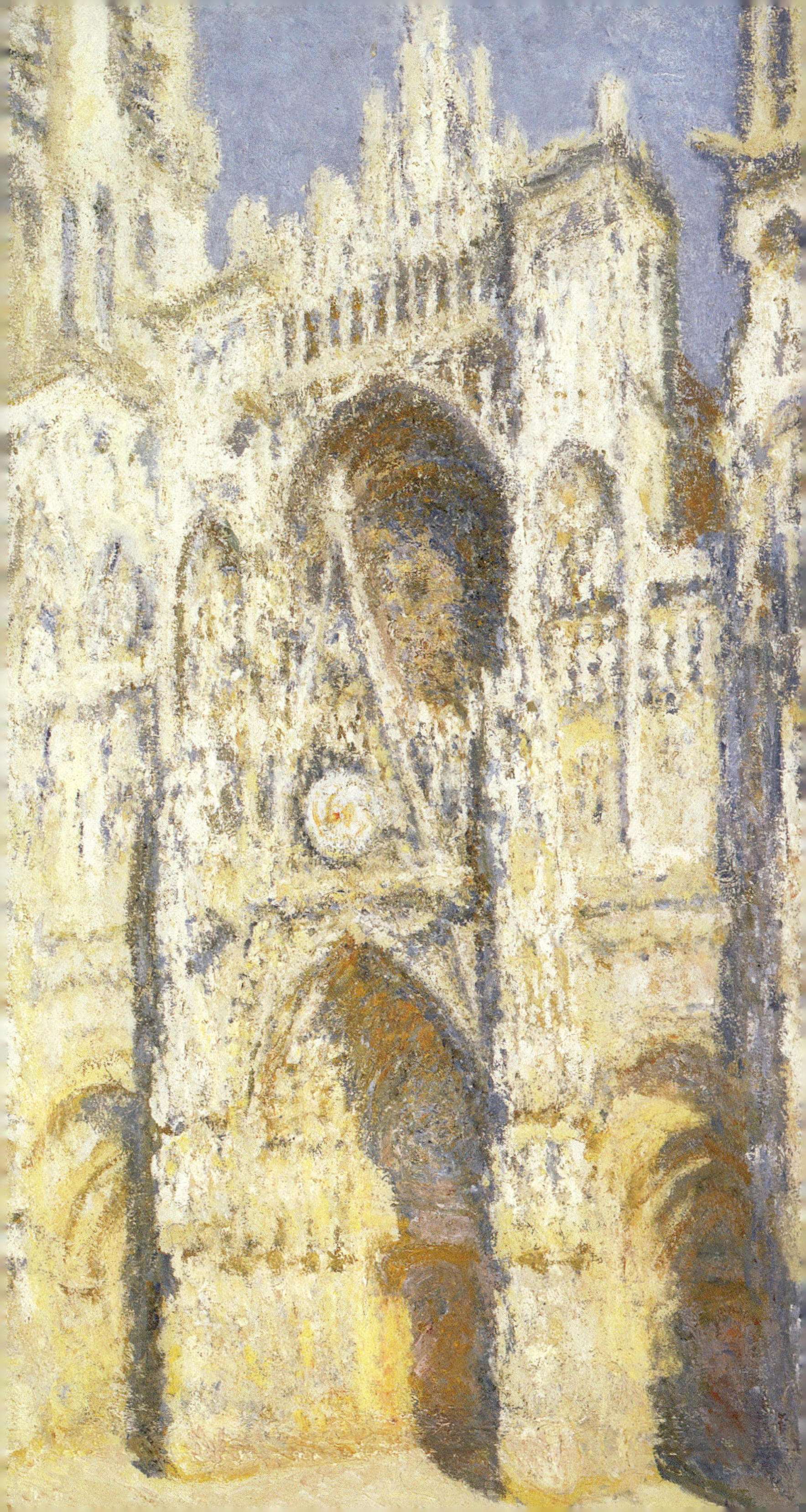

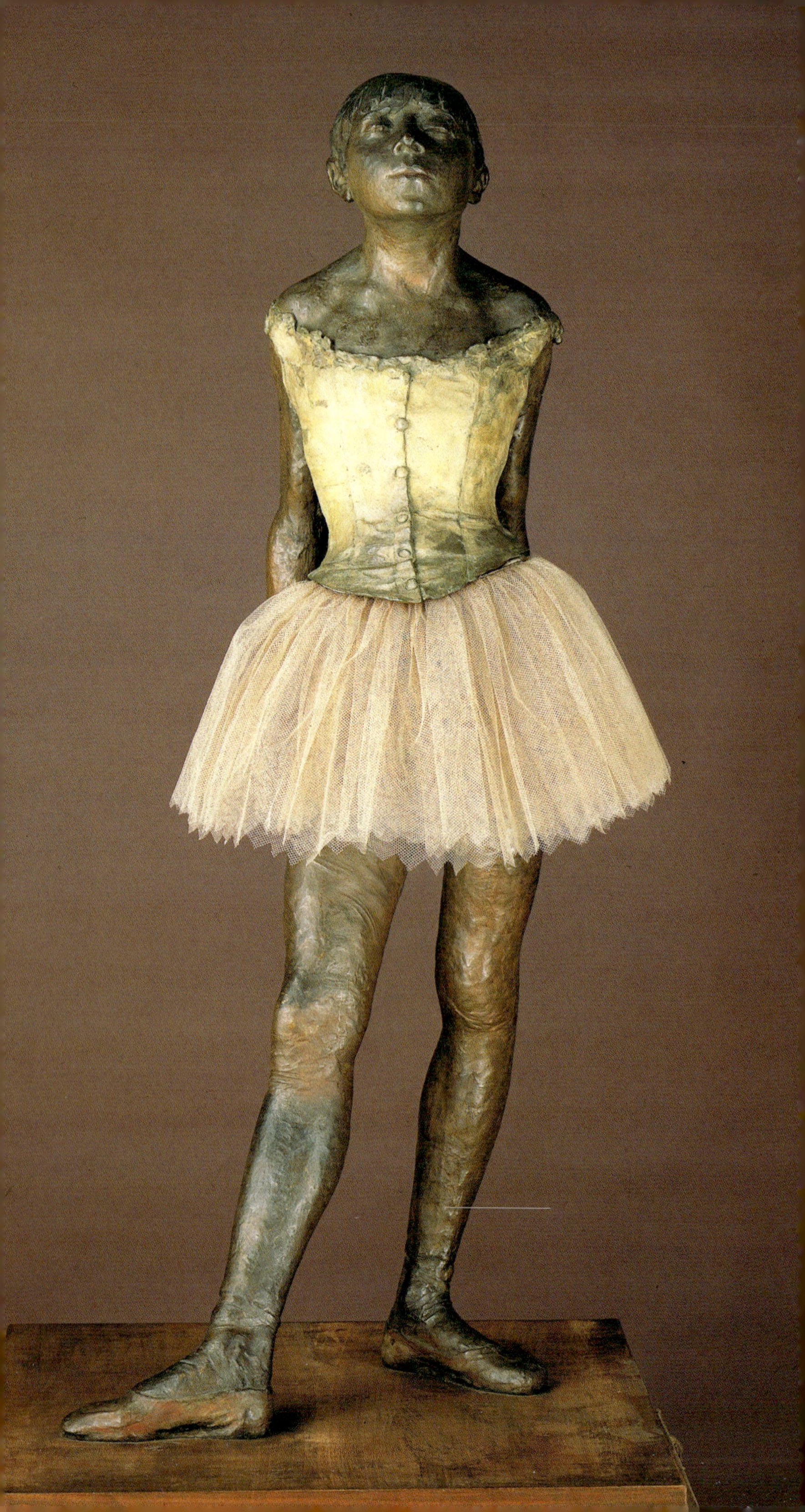

C. Les heures et les jours : la loi des séries

Edgar Degas, *Petite Danseuse de quatorze ans*, 1879-1881. Bronze h. 98. Paris, Orsay.

Dans les dernières* années, Monet pousse à l'extrême la logique de son travail sur la lumière* et les métamorphoses que son déplacement imprime aux objets – minéraux ou végétaux –, et invente la série*. Le motif, dégagé de toute accroche anecdotique, se multiplie sur différentes toiles, comme autant d'instantanés* photographiques*. Le tableau n'est plus unique mais multiple, et fait éclater la notion de chef-d'œuvre isolé. D'une façade à l'autre de la cathédrale de Rouen, Monet varie très légèrement l'angle de vue, la qualité colorée des ombres et de la lumière qui pénètrent la vieille pierre. Car malgré son absolue simplicité, le motif ne disparaît pas sous la concrétion pigmentaire, mais véhicule dans l'extrême mobilité de la lumière les valeurs de pérennité et d'éternité – même si Kandinsky eut la révélation de l'abstraction devant l'une des meules de Monet.

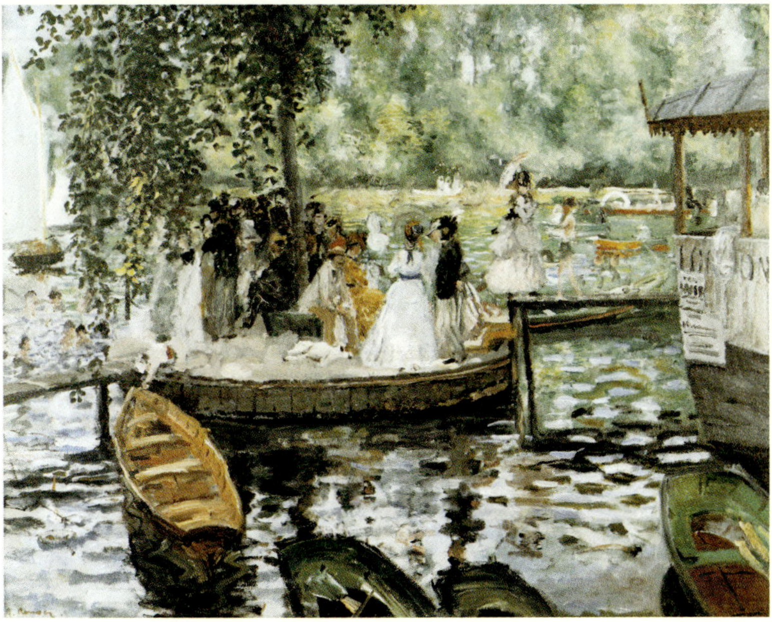

Pierre-Auguste Renoir, *La Grenouillère*, 1869. H/t 66,5 × 81. Stockholm, Nationalmuseum.

III. L'AUTRE MODERNITÉ

A. Renoir et les peintres de figure

À l'origine de l'impressionnisme, figure* et paysage évoluent de pair. Les peintres ne sont pas spécialistes d'un motif ou d'un autre. Monet peint encore des personnages en pied, Renoir des paysages, puis tous placent des figures dans des paysages ou intègrent des paysages dans leurs tableaux de figures. Dès le début des années 1850, Courbet et plus tard Manet (voir *Le Déjeuner sur l'herbe*) avaient montré la voie. Mais quand Monet et Renoir peignent de concert en 1869 les bains de la Grenouillère, ils mêlent dans le même ondoiement lumineux personnages et nature, tous peints avec de larges touches lumineuses et colorées. Bazille s'est également essayé très tôt à ce type de représentation. Après un premier essai (*La Robe rose*), il y parvient d'une façon exemplaire dans *La Vue* du village*, qui faisait précisément dire à Berthe Morisot : « Il cherche ce que nous avons si souvent cherché, et cette fois-ci il me paraît avoir réussi ».

Pourtant, à partir du milieu des années 1870, le paysage, grâce aux recherches entêtées de Monet, acquiert son autonomie, tandis que la figure devient une nouvelle voie de recherche. Pour certains, il paraît difficile d'allier le traitement impressionniste de la lumière, qui dissoud les formes, et la représentation de la figure humaine dense et structurée, ainsi que le révèlent les expériences de Renoir dans ses nus* ou de Pissarro qui, sous l'influence de Seurat, commence à peindre des figures. Ainsi après 1880, Renoir est amené à reconsidérer sa technique et à adapter sa division des couleurs, en prêtant une attention de plus en plus grande au dessin sous l'influence de Raphaël et d'Ingres.

Quant à Degas, qui avait horreur du paysage pur (quoiqu'il en ait réalisé de forts beaux à titre expérimental), il s'est le plus souvent attaché au portrait* intime dans ses femmes* à la toilette, au portrait social dans les activités alors en vogue – la société découvrait les hippodromes* et les courses de chevaux –, ou à l'Opéra : *L'Orchestre* de l'Opéra* est plus une magistrale galerie de portraits qu'une scène de genre.

B. Les chroniqueurs de la vie moderne

Baudelaire*, proche alors de Manet, fait paraître en 1863, *Le Peintre de la vie moderne*. Titre éloquent pour cette défense de Constantin Guys et, au-delà, de la modernité. Le spectacle des villes, la foule, la flânerie poétique doivent épouser un langage neuf. Ce programme sera celui de Manet et d'autres.

Ainsi pour Degas, le rôle du peintre est d'être le « chroniqueur de l'existence moderne », parce qu'« il se distingue par la précision et la science du dessin » (Duret). Degas représente l'autre voie de l'impressionnisme, celle que Duranty, en 1876, privilégie dans *La Nouvelle* Peinture* et qui a, en tout premier lieu, « enlevé la cloison qui sépare l'atelier de la vie commune » et nié le pleinarisme. Ce faisant, Degas aborde des thèmes citadins, jamais représentés avec une telle franchise : alcoolisme*, prostitution*, danseuses*, repasseuses... Mais là est la force de Degas, dont l'œuvre ne se réduit pas au témoignage sur son temps, et ne se contente pas d'être l'équivalent en peinture des frères Goncourt ainsi que le jugeait Huysmans. À chaque nouveau sujet, il invente une nouvelle technique – comme les invraisemblables expériences que constituent ses monotypes de la série des bordels et ses sculptures –, ou un style qui privilégie l'ellipse, le non-peint comme le non-dit et qui rejoint ainsi la notion d'impression. Degas n'est jamais trop bavard, tentation de toute recherche naturaliste qui entache les tableaux de ses protégés comme

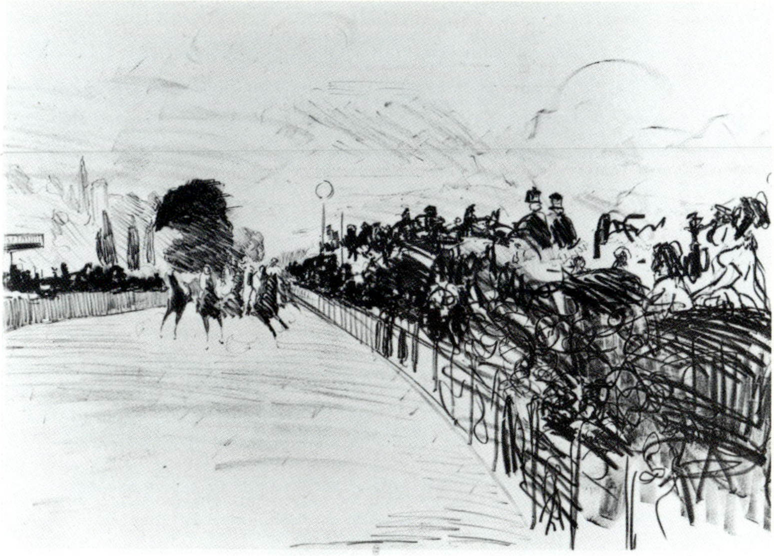

Édouard Manet, *Les Courses*, 1864-1865. Lithographie 36 × 51. Paris, Bibliothèque nationale.

Raffaëlli ou Zandomeneghi, dont les participations aux expositions impressionnistes sèment la zizanie. Cette réserve fait également la grandeur de Caillebotte, autre chroniqueur de la vie moderne, autre dessinateur du nouveau* Paris. Mais, à l'opposé de Degas, sa rigueur implacable révèle les failles de la vie moderne.

C. Après l'impressionnisme

Dès son apparition en 1874, le groupe des impressionnistes fait rapidement figure d'avant-garde. Ses huit expositions représentent l'indépendance, l'intransigeance, la volonté de ne pas pactiser avec l'organisation officielle des Beaux-Arts et deviennent la référence de tous les futurs élans novateurs. En outre, en la personne de Pissarro les impressionnistes comptent un pédagogue exceptionnel qui, selon

Vincent Van Gogh, *Autoportrait*, 1889. H/t 65 × 54,5. Paris, Orsay.

Mary Cassatt*, « apprendrait le dessin à une pierre », et n'est jamais avare de conseils : Gauguin*, Signac viennent tour à tour le consulter. Enfin, l'impressionnisme, dans sa diversité et dans le radicalisme de ses choix esthétiques, ouvre des voies nouvelles, respectées de tous même si le nouveau mot d'ordre à la fin des années 1880 est la « reconstruction » de la forme, inaugurant ainsi ce que l'on appelle le post ou le néo-impressionnisme*. Reconstruction en prônant une démarche scientifique rigoureuse dans le domaine de la division des couleurs, comme chez Seurat ; par l'exaltation de la couleur pure appliquée en aplat sur des compositions fortement cloisonnées, comme chez Gauguin. Exaltation encore des couleurs chez Van Gogh qui, en découvrant la peinture impressionniste à son arrivée à Paris en 1886 se donne « pour objectif de poser des couleurs toujours plus vives » et ainsi d'accuser leur puissance expressive. Dès la fin des années 1870, Cézanne veut « faire de l'impressionnisme un art solide et durable comme l'art des musées » en essayant de concilier la vie éphémère et un classique besoin d'ordonnance, par le travail de la touche structurant la composition. Ses œuvres, pourtant rares dans le Paris des années 1890, attirent un Émile Bernard, bientôt un Maurice Denis. À l'orée du XXe siècle, les recherches parallèles de Monet et de Cézanne font de l'impressionnisme un langage aux prolongements infinis, et non pas, comme le prétendait rapidement Félix Fénéon, un art dépassé dont « les beaux temps sont périmés ».

Laurence *MADELINE*

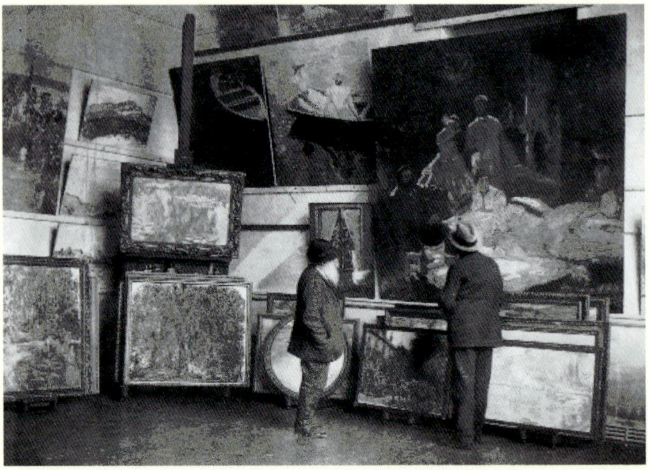

Claude Monet montrant la partie centrale du *Déjeuner sur l'herbe* au duc de Trévise.

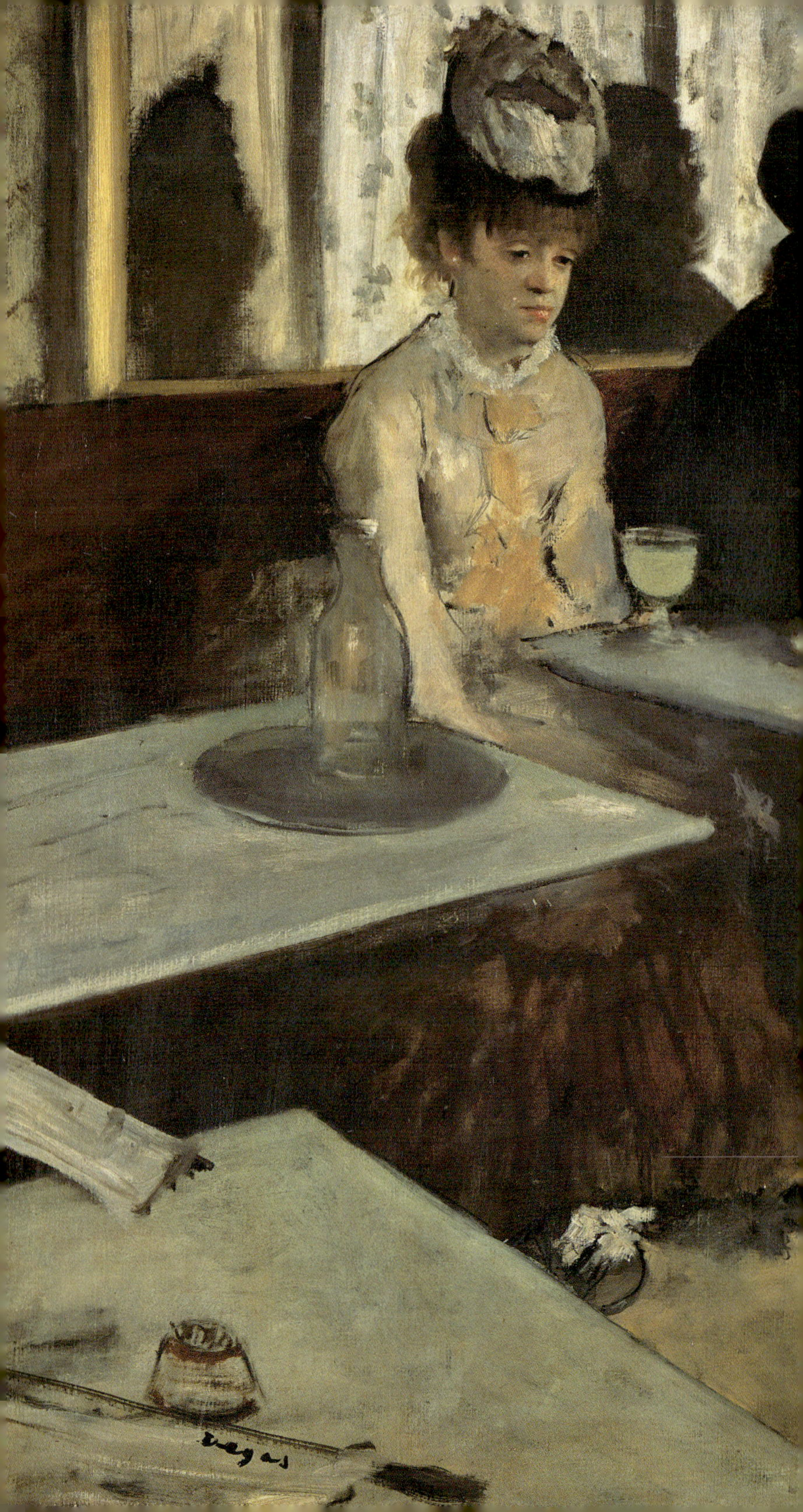

ACTUALITÉ ET ACTUALISTES
« Soyons de notre temps » (Paul Mantz, 1847)

Dans la critique du Salon* de 1868, Zola*, en héritier de Daumier et Baudelaire*, baptise une catégorie de peintres du terme d'« actualistes », en statuant : « Je n'ai pas à plaider ici la cause des sujets modernes. Cette cause est gagnée depuis longtemps. Personne n'oserait soutenir, après les œuvres si remarquables de Manet* et de Courbet*, que le temps présent n'est pas digne du pinceau. »
Au premier rang des « actualistes », Zola place Monet* : le jeune peintre « a sucé le lait de notre âge [...]. Comme un vrai Parisien, il emmène Paris à la campagne, il ne peut peindre un paysage sans y mettre des messieurs et des dames en toilette. » En louant Monet, mais aussi Bazille* et Renoir*, Zola accentue la particularité de ces jeunes artistes, « en phase avec leur temps ». Les impressionnistes, à leurs débuts, ne sacrifient pas au culte de la lumière* le souci de témoigner du présent : en 1866, Monet peint *Camille* (Brême), sorte de portrait mondain à la Carolus-Duran plein de vigueur et de bienséance. LM

Alcoolisme

À la fin du XIXe siècle, on consomme chaque année en France, cent trente mille hectolitres d'absinthe et quatre-vingt deux mille hectolitres d'autres liqueurs, pour environ trente-huit millions d'habitants. La consommation d'absinthe augmente de 280 % entre 1880 et 1890. L'alcool est partout, dans les maisons, sur les lieux de travail, sur les boulevards et dans les estaminets qui se multiplient. L'absinthe, pourtant féroce, est devenue un rite social. Le vin et la bière sont considérés comme des boissons hygiéniques. Le pays est rongé par l'alcoolisme. En 1880, une loi autorise quiconque à ouvrir un débit de boisson, mais des sociétés de tempérance se mobilisent pour dénoncer le fléau, car l'alcool est rendu responsable de la criminalité, de la dégénérescence, des débordements violents de la Commune... Edmond et Jules de Goncourt (*Germinie Lacerteux*, 1865) et Zola* (*L'Assommoir*, 1877) contribuent à cette prise de conscience. Degas* avec *L'Absinthe* (ou *Dans un café*, 1875-1876, Orsay) en livre une image d'une absolue détresse. LM

Angleterre : berceau du paysage moderne

Au-delà de leurs premiers médiateurs français, c'est-à-dire les peintres dits de l'école de Barbizon, les impressionnistes regardèrent directement les rénovateurs anglais du paysage comme Constable et Turner. Dès les années 1820, on apprécia en France leurs qualités spécifiques, si contraires pourtant à notre tradition. Loin de l'ordre trop abstrait des émules de Poussin et de Dughet, mais proche des Nordiques du

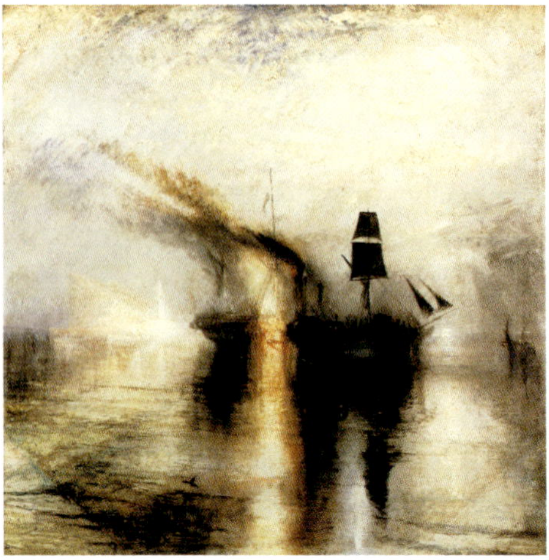

William Turner, *Paix. Funérailles en mer*, 1842. H/t 87 × 86,5. Londres, Tate Gallery.

XVIIe siècle, se révélait une perception de la nature à la fois naturaliste et lyrique, concrète et expressive. Par la gravure, l'aquarelle ou la présence à Paris de certains exilés comme Bonington, les recherches anglaises gagnèrent la France. Touche fluide (Turner) ou hardiment fragmentée (Constable), ciels mobiles et atmosphères humides, espaces dilatés ou mouvants, tout cela était contenu dans le modèle britannique. On sait que pendant leur séjour à Londres, Pissarro* et Monet* ne manquèrent pas d'étudier sur pièces Turner, dont ils condamnaient néanmoins la facilité d'effet. Mais dès 1865, dans *La Pointe de la Hève à marée basse* (Fort Worth), Monet ne désignait-il pas, au-delà d'Isabey et Courbet*, ses sources d'outre-Manche ? SG

Apprentissage

Au XIXe siècle, le passage par l'atelier du maître – préalable ou non à l'entrée à l'École des beaux-arts (voir Enseignement) – est la règle. L'un des plus réputés au milieu des années 1850 est celui du peintre Charles Gleyre (1808-1874). Tolérant, il attire un nombre important d'élèves aux tendances diverses : Gérôme (1824-1904), Renoir*, Bazille*, Monet*, Sisley* et Whistler*. Pédagogue éclairé, il veut développer l'originalité propre à chacun, envoie ses élèves dans la campagne peindre* sur le motif des esquisses rapides. Si Manet* se forme chez Couture*, d'autres se contentent d'ateliers moins prestigieux. L'essentiel est de disposer d'un modèle vivant et d'être corrigé. Un ou plusieurs professeurs, appointés par ces ateliers, passent régulièrement afin de juger des résultats des travaux. Parmi les plus célèbres figurent l'académie Julian (48, rue du Faubourg Saint-Denis et 27, galerie Montmartre), l'académie Colarossi (39, avenue d'Eylau et 8, rue de la Grande-Chaumière) ou l'académie Suisse que fréquentent Cézanne*, Monet et Pissarro*. DL

Artistes : leur milieu social

De tous les artistes qui forment le noyau du mouvement impressionniste (voir Groupe), seul Renoir* est issu du milieu ouvrier. Manet*, Degas*, Caillebotte*, Morisot*, Sisley*, Bazille* et Cézanne* viennent de la grande bourgeoisie parisienne ou provinciale, classe triomphante du XIXe siècle. Monet*, lui, a des parents commerçants, petits bourgeois. Tous ont reçu une solide éducation et tous ont été encouragés à pratiquer un art. Manet, Degas, Cézanne et Bazille, par exemple, ont une passion commune pour la musique. Berthe Morisot et sa sœur sont soutenues dans leur désir de peindre par leurs parents, qui n'envisagent sans doute pas alors que la peinture

Pages précédentes : Edgar Degas, *Dans un café*, dit aussi *L'Absinthe*, 1875-1876. H/t 92 × 68. Paris, Orsay.

puisse devenir autre chose qu'une occupation. Les parents acceptent en général la vocation artistique de leurs enfants, mais exigent d'eux qu'ils suivent la voie officielle, tels ceux de Monet ou de Cézanne : « Je veux te voir dans un atelier*, sous la discipline d'un maître reconnu. Si tu prends ton indépendance, je te coupe sans barguigner ta pension » affirmait Monsieur Monet à son fils. Et de mettre plusieurs fois ces menaces à exécution. D'où les difficultés financières, aggravées par l'existence d'une maîtresse et d'un enfant, que connaissent Cézanne et Monet à leurs débuts. Dès la fin des années 1880, Monet, Renoir, Degas, Sisley et Pissarro peuvent vivre régulièrement de leur peinture. Cézanne a hérité de son père en 1886. Tous mènent une vie bourgeoise, bien éloignée du mythe de l'artiste marginal, et connaissent prospérité et bientôt reconnaissance, auxquelles du reste tous ont aspiré. LM

Ateliers

Les représentations peintes ou photographiques, tout comme les descriptions d'ateliers d'artistes de la fin du XIXe siècle, sont fort éloignées des scènes de la vie de bohème qu'a décrites Murger. Aux intérieurs emplis d'accessoires des peintres académiques s'opposent les vastes espaces largement éclairés, tel celui de Frédéric Bazille* (*L'Atelier de la rue La Condamine*, 1869-1870, Orsay). Il partagea d'ailleurs ce local, avec son ami Renoir* au n° 9 de cette rue.

L'évolution du matériel des peintres et le goût croissant pour la peinture de plein air (voir Peindre sur le motif) eurent deux conséquences qui achevèrent de faire disparaître la notion d'atelier héritée de la Renaissance.

Celui-ci devient quelque chose de mobile, comme le bateau-atelier tel que le conçoit Monet et l'a peint Manet ; et il se réduit même, grâce au chevalet pliant et aux couleurs en tubes, à une simple boîte comme celle qui semble indissolublement liée aux pérégrinations de Cézanne*. Le rôle du local se modifie et ne sert plus qu'à la réalisation des grands formats mais peut, en revanche, devenir un lieu de réunion et d'exposi-

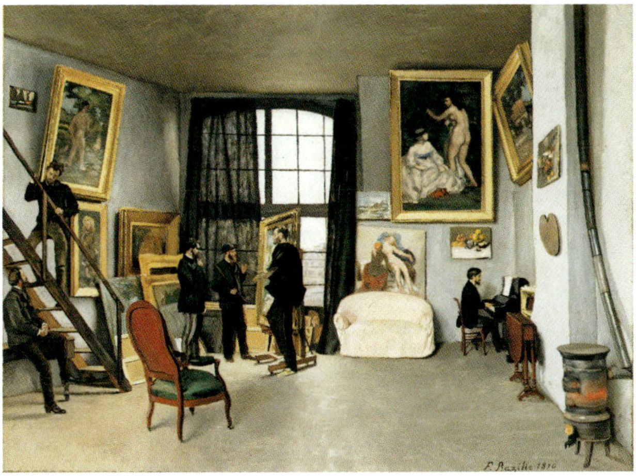

Frédéric Bazille, *L'Atelier de la rue La Condamine*, 1869-1870. H/t 98 × 128. Paris, Orsay.

tion d'œuvres, renouant ainsi avec le portrait de groupe que peint Fantin-Latour* dans son *Atelier des Batignolles* (1870, Orsay), qui représente l'atelier de Manet au n° 34 du boulevard. Au 11 de la Grande-Rue des Batignolles (aujourd'hui, boulevard de Clichy), se trouve le café* Guerbois où, depuis 1866, se réunissent peintres et écrivains de ce nouveau quartier, zélateurs d'une nouvelle forme d'art. DL

Bal au Moulin de la Galette.
Voir Moulin de la Galette

BAUDELAIRE ET L'HÉROÏSME DE LA VIE MODERNE
« La modernité c'est le transitoire, le fugitif, le contingent »

Alors qu'il y travaille depuis la fin des années 1850, Baudelaire ne fait paraître qu'en 1863 *Le Peintre de la vie moderne* où se précise une réflexion qu'inaugure son *Salon* de 1845* : « Au vent qui soufflera demain nul ne tend l'oreille, et pourtant l'héroïsme *de la vie moderne* nous entoure et nous presse [...]. Puissent les vrais chercheurs nous donner l'année prochaine cette joie singulière de célébrer l'avènement du *neuf*! ». En 1846, Baudelaire désigne en Balzac l'initiateur de la beauté moderne : « Car les héros de l'*Iliade* ne sont qu'à votre cheville, ô Vautrin, ô Rastignac, ô Birotteau ». Le texte du *Salon de 1846*, Champfleury l'atteste, fut l'un des bréviaires de Courbet* qui d'ailleurs parlait de son *Atelier* (1855, Orsay) en reprenant les termes de l'avant-propos de *La Comédie humaine* (1842). Son grand tableau livrait une sorte de synthèse de la société contemporaine et de ses tensions actives.

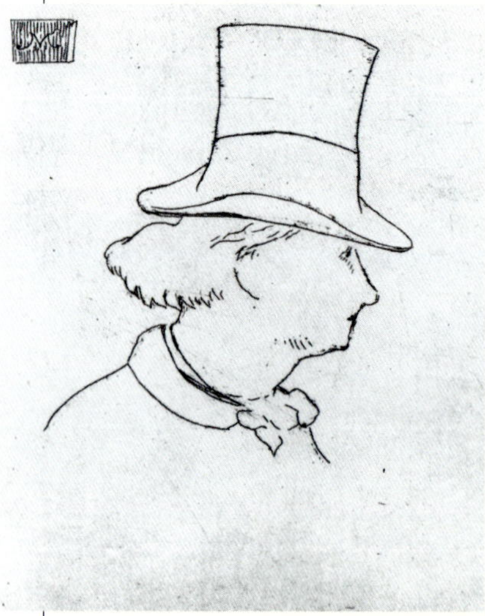

Édouard Manet, *Charles Baudelaire*, 1862. Gravure 13 × 7,4. Paris, Bibliothèque nationale.

Mais Baudelaire ne sut pas discerner dans le réalisme de Courbet la fécondité de ses idées. Il s'y sent même trahi. Cette peinture paraît trop crue à l'adepte du surnaturel, pour qui l'imagination doit marquer l'œuvre d'art du sceau de la fantaisie. Il faut donc au poète, alors que Courbet triomphe par le scandale, reformuler, mais plus complètement, sa théorie de la modernité. Les dessins de Constantin Guys et le spectacle qu'ils offrent de la capitale, tantôt mondaine tantôt interlope, lui servent à appuyer sa thèse : au réalisme, corps sans âme, il manque l'esprit et le style. Le beau, même moderne, ne saurait échapper à la dualité fondamentale : « La modernité c'est le transitoire, le fugitif, le contingent, la moitié de l'art, dont l'autre moitié est l'éternel et l'immuable. Il y a une modernité pour chaque peintre ancien ». Sans souscrire au spiritualisme baudelairien, la génération de 1860 – dont Manet*, qui fréquente le poète depuis la fin des années 1850 – s'est reconnue dans cette perception nouvelle du réel, appelé à perpétuellement se renouveler. En outre le texte de 1863 jalonne, du flâneur ivre des foules aux filles faciles, les lieux et les figures de l'impressionnisme, le rythme même de cette peinture fugace et franche. SG

Bazille (Frédéric)
Impressionniste malgré lui, puisque né en 1841 à Montpellier et disparu en 1870 pendant les combats de Beaune-la-Rolande, Frédéric Bazille ne participe à aucune manifestation du groupe*, mais partage, dès 1862-1863, les ambitions réalistes de Monet*, Renoir* et Sisley*. Ces deux derniers sont admis comme lui chez le peintre Charles Gleyre (voir Apprentissage). Issu d'un milieu fortuné, Bazille est aussi un mécène qui soutient financièrement ses amis en acquérant certaines de leurs œuvres (Monet, *Femmes au jardin*, 1867, voir ill. p. 58). Quant à leur complicité, sa correspondance est particulièrement éclairante : « Nous avons donc résolu, écrit-il en 1867, de louer chaque année un grand atelier où nous exposerons nos œuvres en aussi grand nombre que nous le voudrons ».
Deux ans plus tôt, *Le Paysage à Chailly* (Chicago), par son climat mi-réaliste mi-romantique, est encore proche des paysages de Théodore Rousseau et de Narcisse Diaz de la Peña, mais déjà le traitement de la lumière et de la touche fractionnée – qui doivent beaucoup à Monet – singularisent son œuvre. À la fin de sa carrière, son envoi accepté au Salon* de 1869, *Scène d'été* (1869, Cambridge), montre l'évolution de ses conceptions esthétiques : nous nous trouvons en présence d'une scène contemporaine et de plein air. Avec ses couleurs claires et ses jeunes hommes qui luttent ou se reposent, l'œuvre répond, comme sa *Vue* du village* (Montpellier) qui plaisait tant à Berthe Morisot*, à une des questions fondamentales de l'impressionnisme : l'insertion de la figure* dans le paysage, unifiée par la lumière* et la touche. DL

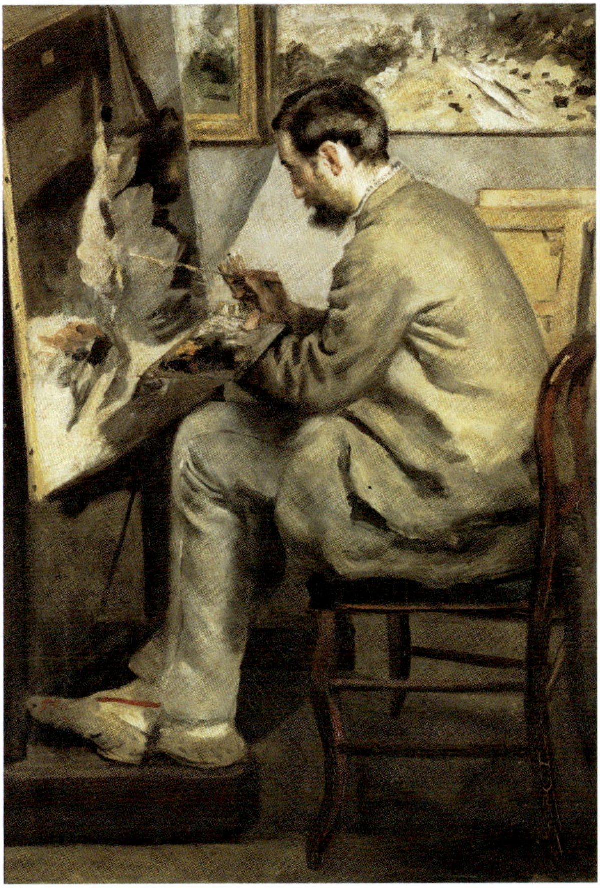

Pierre-Auguste Renoir, *Frédéric Bazille*, 1867. H/t 105 × 73. Paris, Orsay.

LE BERCEAU

Berthe Morisot
1872. H/t 56 × 46.
Paris, Orsay.

Lors de la première exposition impressionniste (voir Espace public) qui s'était ouverte dans l'ancien atelier de Nadar au 35, boulevard des Capucines, Berthe Morisot* présente neuf œuvres, dont ce *Berceau* peint en 1872. Deux semaines plus tard, lors de l'ouverture du Salon* officiel, parmi les 1 852 peintures exposées, deux seulement paraissent traiter un thème similaire : sous le n° 435, François-Claudius Compte-Calix présente *Ne le réveillez pas !* et sous le n° 579, Mlle Berthe Delorme montre *Elle dort !* Il est donc possible de considérer que, avant de participer peut-être à une révolution esthétique, ce tableau participe d'une évolution rhétorique : Morisot élimine tout pittoresque anecdotique, et les titres retrouvent une simplicité de bon aloi, destinée à informer immédiatement le spectateur sur le contenu de l'œuvre et lui permettre de s'y projeter comme dans son propre quotidien.

Très inspirée par la technique et les compositions de Manet*, que Berthe Morisot connaît depuis leur rencontre au Louvre* en 1868 et dont elle épousera le frère Eugène à la fin de 1874, cette œuvre semble représenter la sœur de l'artiste, Edma – la première propriétaire –, et sa fille Blanche. Dans cette composition, se croisent en diagonale le voile et le regard de la mère vers les yeux clos de l'enfant. Afin de rendre toute la

« Rien n'est plus vrai ni plus tendre à la fois que la jeune mère […] qui se penche sur un berceau où s'endort un enfant rose »
J. Prouvaire, *Le Rappel*, 20 avril 1874

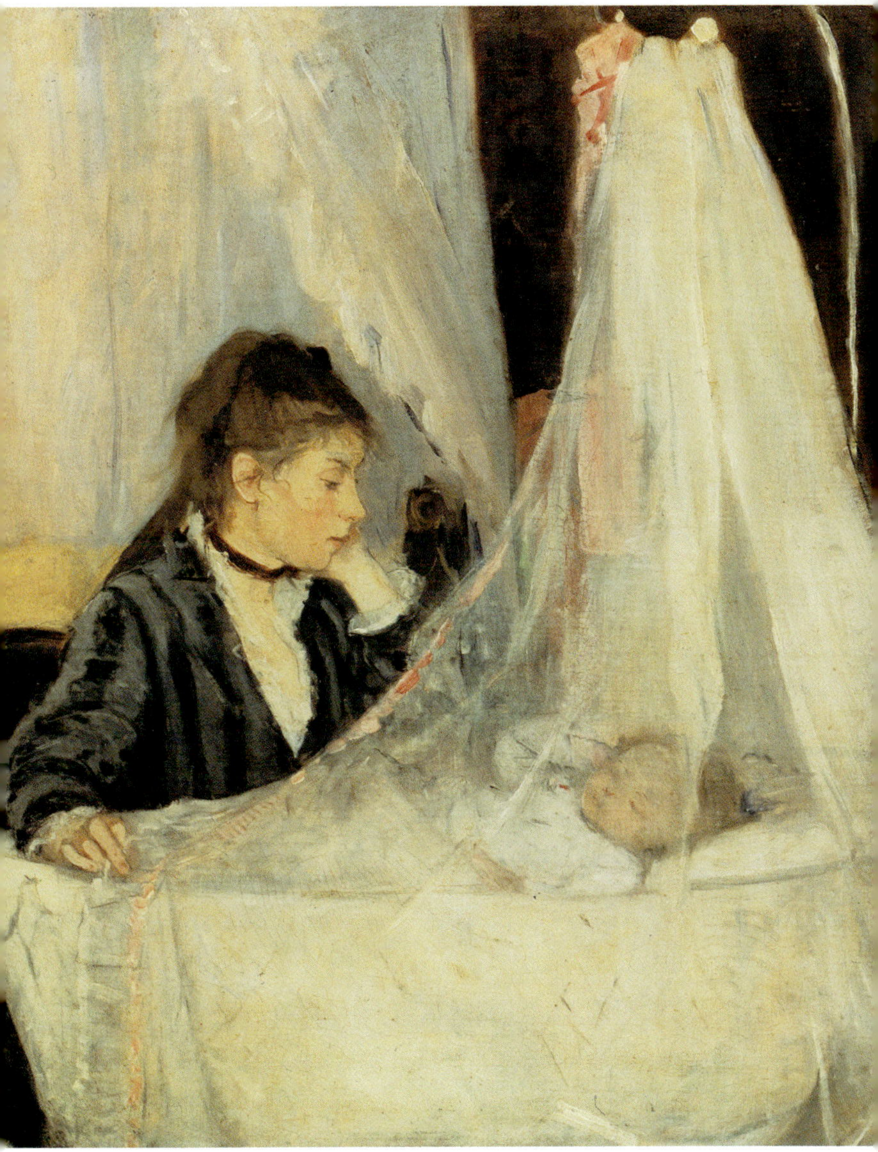

tendresse d'un tel moment, Berthe Morisot n'utilise qu'un nombre restreint de couleurs et a recours à une touche fluide et à une matière légère qui séduisent d'emblée une partie de la critique, pourtant féroce à l'égard de l'ensemble des exposants de 1874. Après la tentative isolée (1867) de Monet pour garder le souvenir de l'image de son fils (*Jean Monet dans son berceau*, Copenhague), cette représentation est la première d'une longue série d'œuvres qui vont jeter un regard nouveau sur l'enfance. Dépouillés de la sensiblerie ordinaire, les tableaux intègrent garçons et fils à un paysage ou à une scène de genre, dans lesquelles nous sentons encore aujourd'hui comme un goût de paradis envolé. DL

BORDS DE SEINE
De l'âge d'or à l'âge du fer

La géographie impressionniste est attachée aux rivages de la Seine, et l'histoire du mouvement en suit les méandres. Très soudé à ses début, le petit groupe* des futurs impressionnistes se concentre dans une courbe du fleuve qui enserre les villages de Bougival, Louveciennes et Marly. Là, à une quinzaine de kilomètres de la gare Saint-Lazare, Monet*, Renoir*, Sisley* et Pissarro* appliquent les conceptions de leur nouvelle* peinture élaborées à Paris.
Après la Commune, les personnalités s'affirment, le groupe se disperse et s'éloigne de Paris. Pissarro retourne à Pontoise, qui contrairement à Louveciennes, Bougival ou Argenteuil – le village que vient d'élire Monet – affiche des coutumes et un paysage vraiment campagnards. Cézanne* rejoint Pissarro

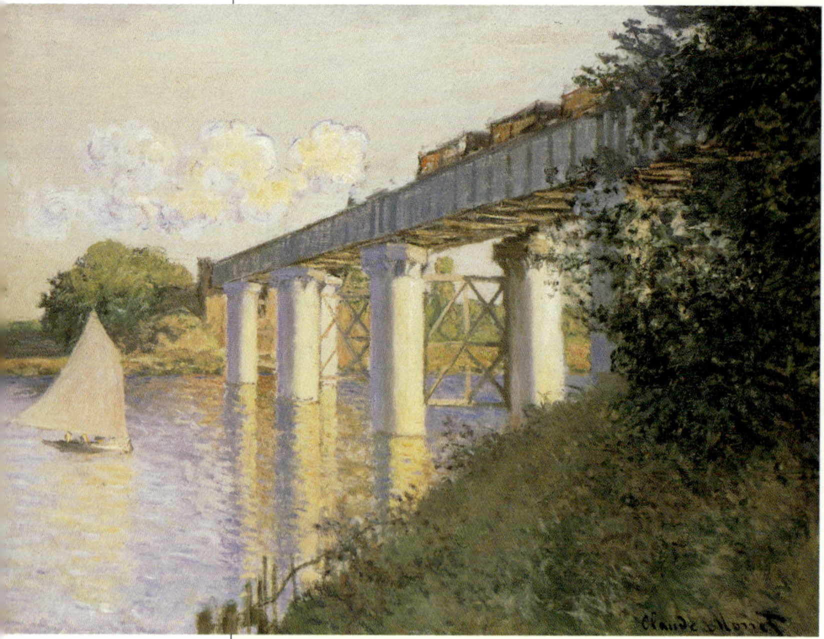

Claude Monet, *Le Pont du chemin de fer, Argenteuil,* 1874. H/t 54,5 × 73,5. Philadelphie, Museum of Art.

à Auvers-sur-Oise pour deux ans (1872-1874), tandis que Monet attire épisodiquement Renoir et Manet* à Argenteuil, banlieue investie par les Parisiens en quête de verdure ou de canotage (voir Parties de campagne). La Seine est tour à tour un lieu de plaisirs (baignade de la Grenouillère) ou un acteur de la vie industrielle.
Les années passent, les impressionnistes s'éloignent de Paris : Monet choisit Vétheuil (moins cher), puis Giverny* à la fin des années 1880. Là, dans une série* consacrée aux bords de Seine, il privilégie exclusivement le mariage de l'eau, de l'air et des arbres, semblant vouloir restituer le visage originel d'un fleuve déjà pollué. LM

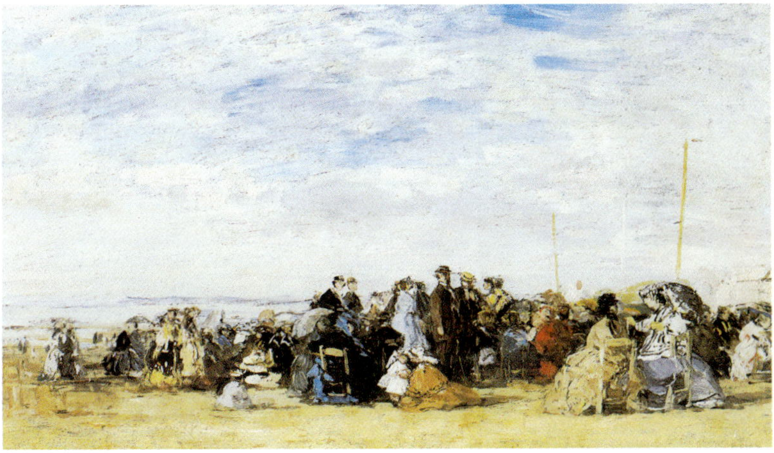

Eugène Boudin, *La Plage de Trouville*, 1866. H/b 21 × 35,5. Coll. part.

Boudin (Eugène)
Encouragé par Millet, connaisseur de Gudin et d'Isabey, admirateur de Corot* et de Courbet*, condisciple de Jongkind (voir Peinture de paysage), Boudin (1824-1898) exerce sur les impressionnistes une influence déterminante dans l'appréhension de la lumière* et de ses variations selon les lieux et les heures (*Plage à Trouville*, 1867, Orsay). Au cours des années 1860, il s'applique à rendre dans de petits formats les phénomènes atmosphériques au-dessus des vastes plages normandes, peuplées de leurs premiers visiteurs. Il fait partager son expérience à Monet* au Havre dès 1858-1859. Mais ce rôle n'est pas synonyme d'engagement et l'on ne retrouve le nom de Boudin que lors de l'exposition de 1874 (voir Espace public) où il présente treize paysages regroupés sous six numéros. Il propose ensuite ses œuvres au Salon*, où il acquiert petit à petit succès et honneurs, puisqu'il se voit décerner une médaille d'or à l'Exposition* universelle de 1889 et la Légion d'honneur à l'issue du Salon* de 1892. DL

Café Guerbois.
Voir Nouvelle Athènes

Caillebotte (Gustave)
Après être passé par l'atelier Bonnat et l'École des beaux-arts (voir Enseignement) en 1873, Caillebotte (1848-1894) se lie avec De Nittis, Monet* et Renoir*. Il se présente sans succès au Salon* en 1875. L'année suivante, il participe à la deuxième exposition du groupe* impressionniste, dont il est le principal bailleur de fonds. Il se fait remarquer par ses représentations du Paris moderne (voir Nouveau Paris), des thèmes nouveaux (*Les Raboteurs de parquets*, 1875, Orsay) [voir Travail] et déjà des cadrages et des perspectives insolites. On retrouve ses œuvres lors des expositions du groupe en 1877 (*Rue de Paris, temps de pluie*, 1877, Chicago). En 1879, il expose 25 œuvres, portraits, huiles et pastels inspirés par la région de Yerres et ses divertissements nautiques. L'installation à Paris lui permet de développer certains thèmes antérieurs qu'il présente en 1880 et 1882, vues d'intérieur et vues de Paris, où l'influence

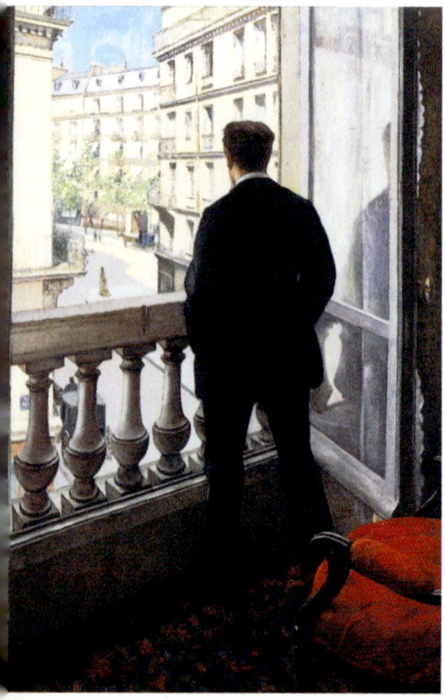

Gustave Caillebotte, *Jeune Homme à la fenêtre,* 1876. H/t 116,2 × 81. New York, coll. part.

du japonisme* et de la photographie* est plus nette. La technique en apparaît plus libre et l'exécution se fait plus spontanée. Après avoir renoncé à exposer avec le groupe impressionniste, il voyage et se consacre à la peinture de paysage et de marine du côté de Honfleur et de Trouville (voir Côtes de la Manche). En 1887, il s'installe définitivement au Petit-Gennevilliers, qu'il avait acquis en 1881. La fortune personnelle de Caillebotte lui a permis de soutenir ses amis peintres et de collectionner* leurs œuvres. DL

Cassatt (Mary).
Voir Femmes peintres

Cézanne (Paul)
La peinture de Cézanne (1839-1906) ne devient impressionniste qu'au début des années 1870 et, dix ans plus tard, ne l'est déjà plus. En 1872, il s'installe avec femme et enfant à Auvers-sur-Oise, non loin du Dr Gachet. Pendant deux ans, il va apprendre auprès de Pissarro* à dompter le lyrisme de ses premiers tableaux : leur coloris sombre, en pleine pâte, leurs contrastes violents, leur climat morbide ou franchement pornographique laissent place à de lumineux paysages, où le drame n'est plus qu'implicite. Dans l'évolution du peintre ont aussi compté l'influence de Courbet* puis celle de Manet*,

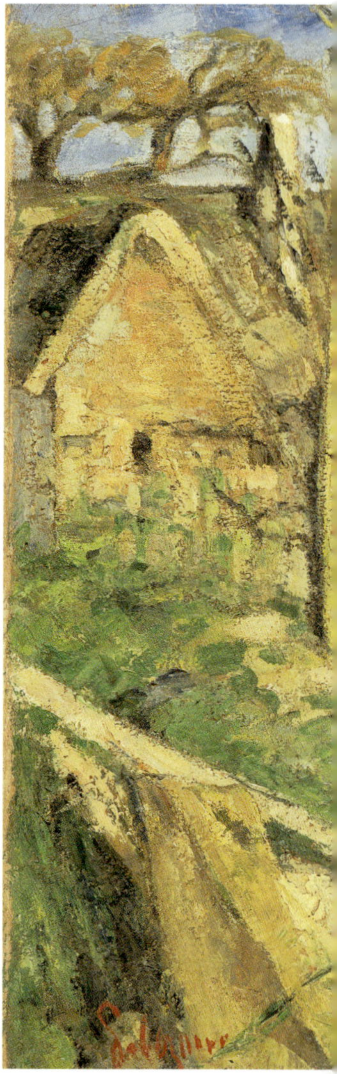

sensible dès la fin des années 1860 (*La Pendule noire*, 1869-1871, coll. part.), et l'étroite amitié avec Zola*, chantre de la peinture claire et du sujet moderne.
De Pissarro, Cézanne retient la multiplication de petites notations de couleurs qui, à distance, exaltent les nuances lumineuses du motif. L'aspect fugace, le spectacle ondoyant de la nature est cependant contraire à son besoin d'ordre ; de plus en plus, les structures élémentaires du paysage s'accordent à l'harmonie et à la recherche rythmique qu'il poursuit obstinément.
Émerge déjà ce souci de l'agencement ordonné des plans, des lignes de force, voire de la facture. Choisissant ensuite délibérément de faire « de l'impres-

Paul Cézanne, *La Maison du pendu*, 1873. H/t 55 × 66. Paris, Orsay.

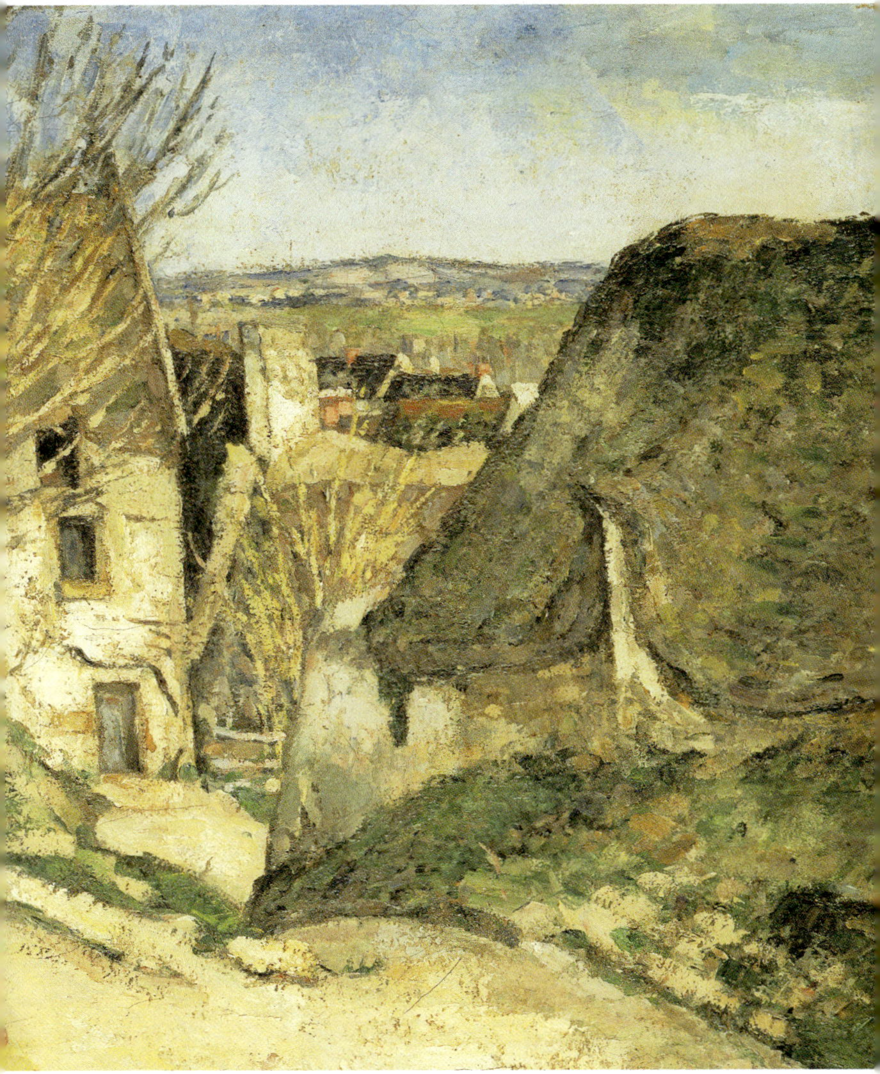

sionnisme quelque chose de solide et de durable comme l'art des musées », il ne renonce pas pour autant à étayer la patiente construction du tableau sur le questionnement de la nature, sur la sensation, comme il le répète à l'envi.
Et si après 1880, la discipline des compositions s'accentue avec la structuration de la touche, la peinture – nature morte ou paysage – conserve une saveur tactile, une plénitude visuelle qui obéit pleinement à l'idéal cézannien : « L'art est une harmonie parallèle à la nature ». Dans la part d'objectivité qu'il croit nécessaire de maintenir, Cézanne traduit l'expression toujours mouvante du réel, la vision démultipliée du motif (en cela il annonce les cubistes) et, à travers la silhouette sinueuse d'un arbre ou le mystère de ses baigneuses, laisse entrevoir, jusqu'à la fin, certaines des obsessions les plus obscures de sa psychologie tourmentée. SG

CHEVREUL ET LA LUMIÈRE DECOMPOSÉE
Activer la perception

Nommé directeur des teintures à la manufacture royale des Gobelins, Eugène Chevreul (1786-1889) est l'un des principaux chercheurs à poursuivre des expériences sur les couleurs. En 1839, il publie donc *De la loi du contraste simultané des couleurs et de l'assortiment des objets colorés considérés d'après cette loi dans ses rapports avec la peinture.* Il va être rapidement lu et vulgarisé par les journalistes.
Ainsi, la décomposition des couleurs en leurs tons constitutifs qui s'unissent sur la rétine pour donner une couleur empruntée aux tons juxtaposés, est adoptée par quelques peintres. Chaque couleur primaire (bleu, jaune, rouge) s'exalte, par effet simultané, au contact des deux autres, et l'usage de tons purs active la perception. Il est donc possible de créer d'infinies variations puisque – par exemple – selon l'intensité d'une touche rouge et d'une touche bleue juxtaposées, on peut produire à distance différents tons de violet. De plus, Chevreul suppose que la couleur complémentaire à un mélange de deux couleurs primaires est la troisième couleur : bleu/orange (rouge + jaune), vert (bleu + jaune)/rouge. D'abord Pissarro*, puis Signac et Seurat mettent ce principe en application systématiquement à partir de 1886 (voir Néo-impressionnisme). DL

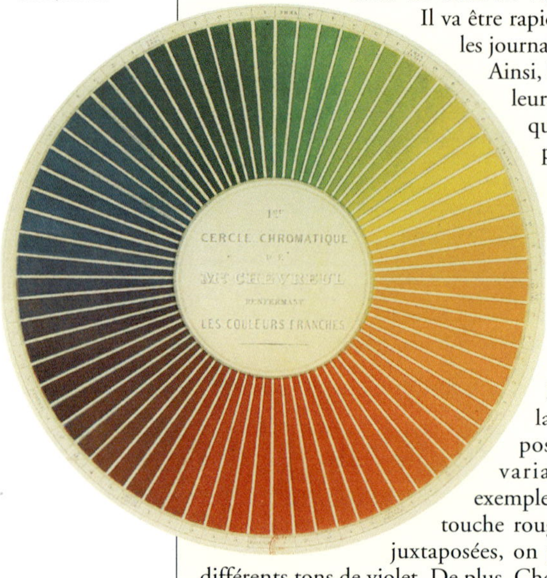

Premier cercle chromatique … Eugène Chevreul, *Des couleurs et de leurs applications aux arts industriels,* Paris, 1864.

COLLECTIONNER LA PEINTURE IMPRESSIONNISTE
« Cette peinture s'achète » (T. Duret)

Avant de se constituer en Société anonyme coopérative des artistes, plusieurs des futurs peintres impressionnistes bénéficièrent du soutien de mécènes, tels les Gaudibert qui aidèrent Monet* au Havre. Mais ces amateurs disparurent avant 1874. La première exposition impressionniste (voir Groupe) est une manifestation quasi confidentielle et ne peut donc inciter les collectionneurs en dehors d'un cercle restreint où ne tarderont pas à apparaître les noms de Bazille* puis de Caillebotte*.
Avec la dispersion mouvementée en vente publique de soixante-treize œuvres impressionnistes, le 24 mars 1875, il est déjà possible de repérer des collections en cours de constitution où s'illustrent, entre autres, le médecin Georges de Bellio, l'éditeur Georges Charpentier, le fonctionnaire Victor Chocquet ou l'artiste lyrique Jean-Baptiste Faure, dont Monet a laissé un portrait fameux. Mais l'attitude évolue avec d'autres ventes organisées en 1877 et 1878. Désormais, l'intérêt pour ce mouvement et ses représentants se développe dans le public et éveille aussi bien l'attention de quelques marchands* d'art (Georges Petit et Paul Durand-Ruel) que de certains musées, dont celui de Pau, qui acquiert dès 1878 *Portraits dans un bureau (Nouvelle-Orléans)* de Degas (1873). De quelques fidèles acheteurs de la première heure, on passe progressivement, aux alentours de 1890, à une demande nationale et internationale croissante qui inquiète déjà Monet et explique la souscription de l'*Olympia* (1863, Orsay) en 1890, afin que le tableau reste en France.
Un exemple peut illustrer cette rapide progression : à la vente du 14 mars 1875, le tableau de Berthe Morisot, *La Chasse aux papillons* (1874, Orsay) est vendu 245 F ; lors de son don au Louvre en 1906 par Étienne Moreau-Nélaton, il est estimé à 5 000 F, mais la *Sortie de l'école turque* de Decamps, de la même donation, est estimée à 80 000 F ! Parmi les collections françaises, le souvenir de certains noms est attaché à de prestigieuses dispersions en vente publique, telle celle de Victor Chocquet à la galerie Georges Petit du 1er au 4 juillet 1899. D'autres sont liées à de généreuses donations, comme les œuvres achetées par Paul Gachet qui comptent actuellement parmi les fleurons du musée d'Orsay. DL

Corot (Camille)

Engagé par son père dans une carrière commerciale, Corot (1796-1875) ne peut se consacrer pleinement à la peinture qu'à partir de 1822. Après avoir suivi les cours des paysagistes Michallon et Bertin, il parcourt dès 1825 les routes de France et d'Italie ; il fréquente la forêt de Fontainebleau et le village de Barbizon, où il prodigue ses conseils aux jeunes paysagistes. Morisot* le suit fidèlement pendant quelques années ; Pissarro* expose aux Salons* de 1865 et de 1866 comme son élève, avec des toiles aux compositions géométriques et serrées, proches de celles du maître.
Issu de la tradition classique, Corot réalise des esquisses en plein air, mais il peint ses tableaux à l'atelier, où il s'attache néanmoins à restituer la première impression ressentie devant le motif (voir Peindre sur le motif).
À la fin des années 1850, sa notoriété est considérable. Régulièrement médaillé ou

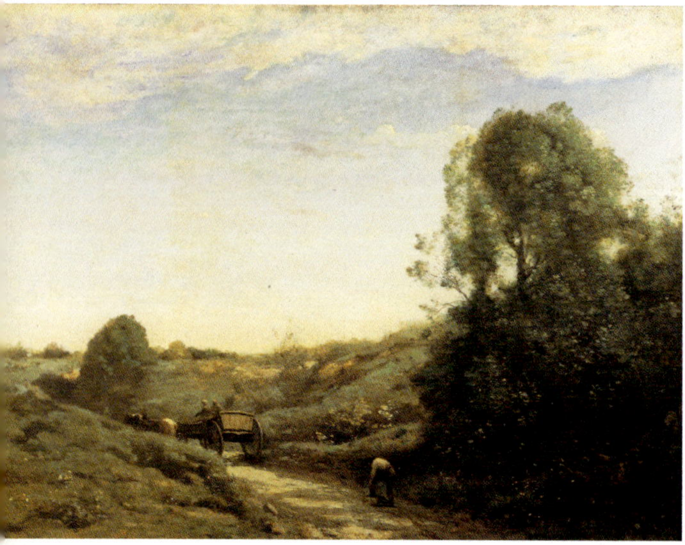

Jean-Baptiste Corot, *La Charrette. Souvenir de Marcoussis*, 1855. H/t 97 × 130. Paris, Louvre.

membre du jury du Salon, il occupe, comme Daubigny, une place particulière entre le monde officiel et la jeune génération.

Invité, en 1867, au projet d'exposition mené par Bazille*, Monet* et leurs amis, il refuse pourtant en 1874 de participer à la première exposition impressionniste (voir Groupe) : on peut penser que la peinture de paysage a subi une évolution radicale, dans laquelle il ne reconnaît plus ses propres recherches. LM et DL

Côtes de la Manche

Avec les bords* de Seine, les côtes de la Manche constituent un grand pôle géographique de l'impressionnisme. Desservie très tôt par le train (voir Gares), urbanisée par les promoteurs du second Empire, l'embouchure de la Seine devient le rendez-vous des Parisiens pour leurs loisirs.

Les bains se font encore sur prescription médicale, mais déjà la mer n'est plus ce terrain aventureux des pêcheurs et des marins. Les peintres suivent les vacanciers se promenant sur les plages, et également les peintres de la génération précédente, Courbet*, Daubigny, Jongkind (voir Peinture de paysage) qui arpentaient la côte, carnet à la main.

C'est sur les plages de Trouville que Monet*, accompagnant Boudin*, a la révélation du paysage et du plein air. Boudin peint les estivants, Monet aussi, retrouvant sur la côte normande l'atmosphère moderne de Paris qu'il traduit dans *L'Hôtel des Roches-Noires à Trouville* (1870, Orsay). Manet*, Degas*, Morisot* passent également des vacances au bord de la Manche et tous y captent les échos de la vie moderne.

Mais, au fur et à mesure que la côte se civilise, les impressionnistes fuient les traces de l'occupation touristique. Ainsi Monet se réfugie, dans ses tableaux des années 1880, à Étretat, Pourville ou Varengeville, sur le ciel, la mer, la côte, sur le passage des nuages et de la lumière* à la

Claude Monet, *L'Hôtel des Roches-Noires à Trouville* (détail), 1870. H/t. Paris, Orsay.

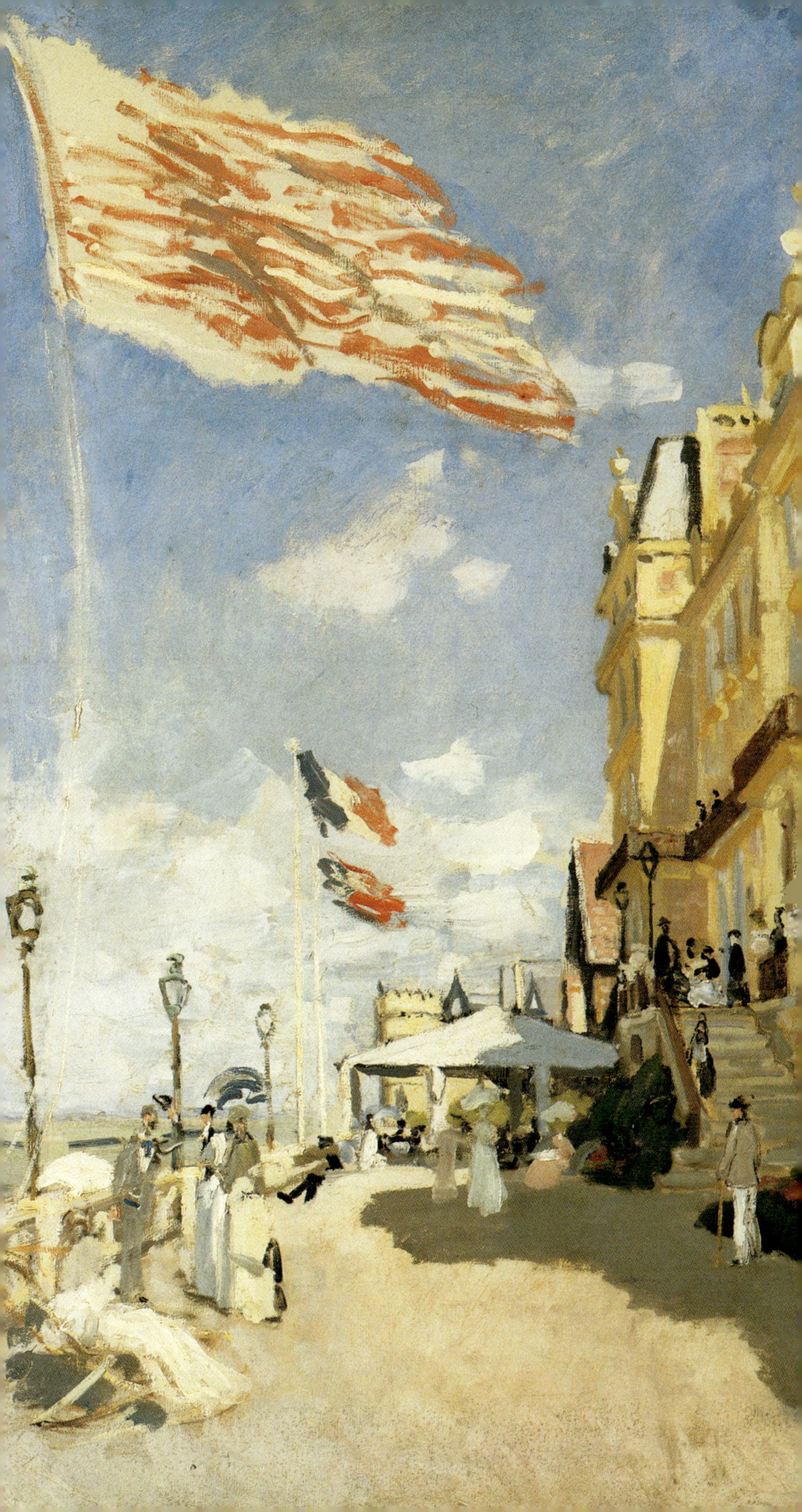

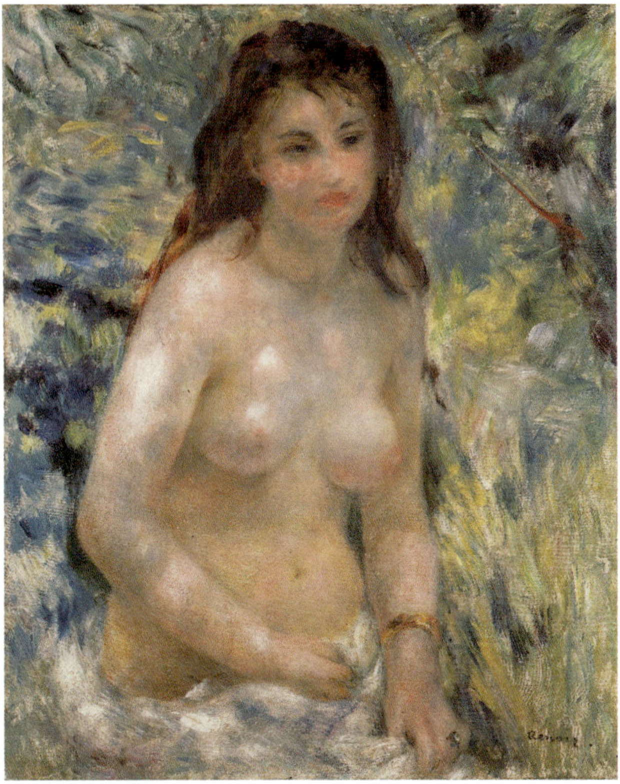

Pierre-Auguste Renoir, *Torse de femme au soleil,* 1875-1876. H/t 81 × 64,8. Paris, Orsay.

surface de l'eau* et des falaises. Renoir*, à la fin des années 1870, reproduit dans *La Vague* (1879, Chicago), héritière des marines de Courbet*, le roulement dramatique et les résonances cosmiques de l'eau. LM

Couleur et facture : la fin du contour

« J'étais allé jusqu'au bout de l'"impressionnisme" et j'arrivais à cette constatation que je ne savais ni peindre, ni dessiner » confie Renoir* à propos de la crise qu'il traverse dans les années 1880.

Après un voyage en Italie, où il redécouvre Raphaël, Renoir décide de renouer avec le contour et la ligne.

Étant allé très loin dans la dissolution des contours avec son *Torse de jeune femme au soleil* (1876, Orsay), cette perméabilité extrême de la forme à la lumière*, déjà mal accueillie pour les paysages, devient intolérable pour la figure* humaine. Dans l'œuvre de Renoir, les *Grandes Baigneuses* (vers 1887, Philadelphie) montrent la renaissance du contour et sa compatibilité avec un usage poussé de la couleur, expression de la lumière.

Dans sa série* sur les meules (1891) par exemple, Monet se situe à l'opposé de cette réflexion : il substitue le ruissellement de la lumière sur la forme, à la forme elle-même. Comme dans les nymphéas* où il perd, dans la fluidité de sa facture et de ses couleurs, le dessin de son motif. LM

COURBET, LE PATRON

Pour Astruc, Castagnary ou Zola*, Gustave Courbet (1819-1877) est le père de la révolution naturaliste qu'ils observent et encouragent. N'est-il pas le premier, dès 1850, à avoir subverti l'idéalisme de la peinture d'histoire en accordant monumental et sujets familiers ou populaires, réputés vulgaires ; à avoir aussi imposé à la touche une vigueur inusitée, à la couleur* une fraîcheur crue et à la composition une simplicité presque brutale ; à avoir enfin et surtout affirmé que l'imagination du peintre doit désormais résider non dans les sujets littéraires mais dans l'expression adéquate des réalités morales et sociales du monde moderne.

C'est en pensant à lui, peut-être aux *Demoiselles des bords de Seine* (1856, Petit Palais) ou au *Repas de chasse* (1858, Cologne), que Manet* peint *Le Déjeuner* sur l'herbe* en 1863 ou que Monet*, en 1865 à Chailly, tente sur une toile de 7 mètres de large de réunir onze personnages qui pique-niquent (deux fragments à Orsay). L'ambition du grand format, à savoir du tableau résumant l'un des aspects essentiels de la vie contemporaine, ne constitue pas la seule leçon de Courbet à ses émules en réalisme. Ses paysages (voir Peinture de paysage), plus sauvages et rudes que ceux de Rousseau ou de Corot*, vont orienter les recherches de Pissarro* et de Cézanne* à Auvers ; ses marines puissantes trouvent un écho dans celles de Whistler* et de Monet ; ses bouquets aux tons hardis ont la plénitude humide de vraies fleurs et Manet ne les oubliera pas ; enfin, rien ne surpasse la tiédeur charnelle de ses grands nus* que Renoir* et Gauguin* ont tant regardés. Manet rivalise avec leur franchise, mais refuse en 1863 à *Olympia* (Orsay) l'élan ou le rayonnement de sensualité où se réfugie le lyrisme de Courbet. Un an après le scandale provoqué par l'inconvenance de Victorine Meurent, est exposé *La Femme au perroquet* (1866, New York), échevelée et victorieusement impudique, manière de réplique à Manet – que l'on commence à tenir pour le nouveau chef de l'école réaliste – et image d'une féminité sans entrave aucune. La liberté en tout, la liberté pour tous, le réalisme pour Courbet n'est pas autre chose. SG

Gustave Courbet, *Les Baigneuses*, 1853. H/t 227 × 193. Montpellier, musée Fabre.

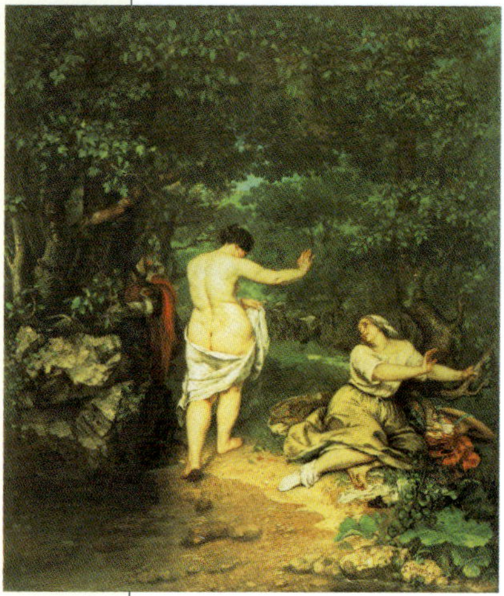

« Savoir pour pouvoir, telle fut ma pensée. Être à même de traduire les mœurs, les idées, l'aspect de mon époque, selon mon appréciation, être non seulement un peintre, mais encore un homme, en un mot faire de l'art vivant, tel est mon but. »

Courbet, 1855

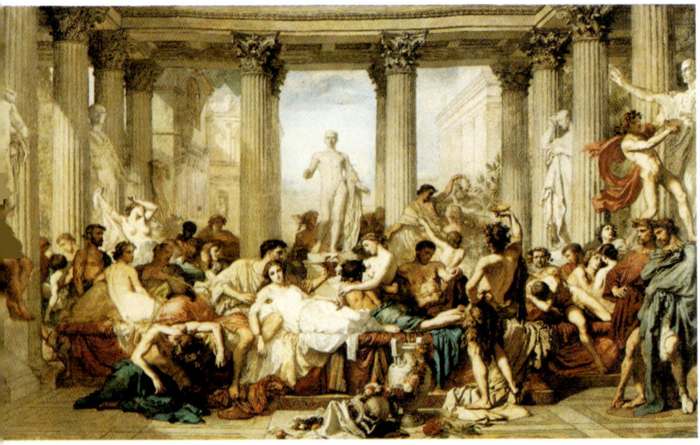

Thomas Couture, *Les Romains de la décadence*, 1847.
H/t 466 × 775. Paris, Orsay.

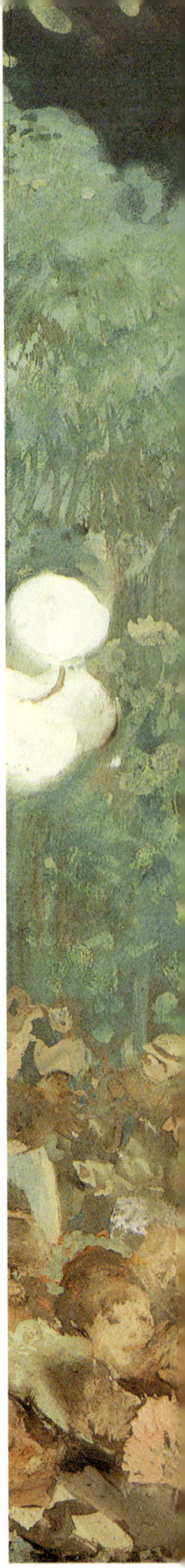

Couture (Thomas)

Sa vie durant Cézanne* conserva dans son atelier une gravure des *Romains de la décadence* qui en 1847 avait assuré à Couture (1815-1879) une célébrité précoce. Nul doute qu'il en appréciait suffisamment le vénétianisme, l'agencement majestueux, la vigueur érotique ou l'indolence piquante des bacchantes pour oublier le poids des conventions académiques qui accablent ce banquet triste. Pourtant, le peintre passa en 1847 pour réaliste. Fin coloriste, Couture ne craignait ni le voisinage de teintes claires, ni le brio d'une exécution en pleine pâte ; il donnait de plus à ses Romains la réalité brutale, rebutante diront certains critiques, des Français de Louis-Philippe. Ainsi, selon Gautier, le propre de cet artiste « c'est le mélange de vérité et de recherche de style ».

Électrisé par le succès (le tableau est aussitôt acheté et pour un bon prix par l'État), Couture ouvre un atelier (voir Apprentissage), rapidement très couru – Puvis de Chavannes et Manet*, entre autres, y firent leurs classes. La persistante « légende dorée » de l'impressionnisme, qui veut que le futur auteur d'*Olympia* (où le souvenir des *Romains de la décadence* est pourtant patent) ait été en conflit permanent avec un maître obtus, ne résiste pas à l'examen des faits et des témoignages de certaines œuvres de jeunesse, comme la *Tête de garçon* (Detroit), exécutée entre 1850 et 1856 – c'est la durée exacte pendant laquelle Manet fréquente l'atelier de Couture. Il y apprend à dessiner d'un trait volontaire et à peindre franchement, sans glacis ni transparence. SG

Danseuses, chanteuses

Degas* a fait de très nombreuses études de danseuses et de chanteuses, revenant tout au long de sa carrière sur ces images, remodelant un visage, fixant encore un geste fugitif. Pourquoi cet attrait ? La danse, la chanson de cabaret constituent le terrain de rencontre de deux milieux sociaux opposés, que les danseuses ou les chanteuses sont les rares à franchir.

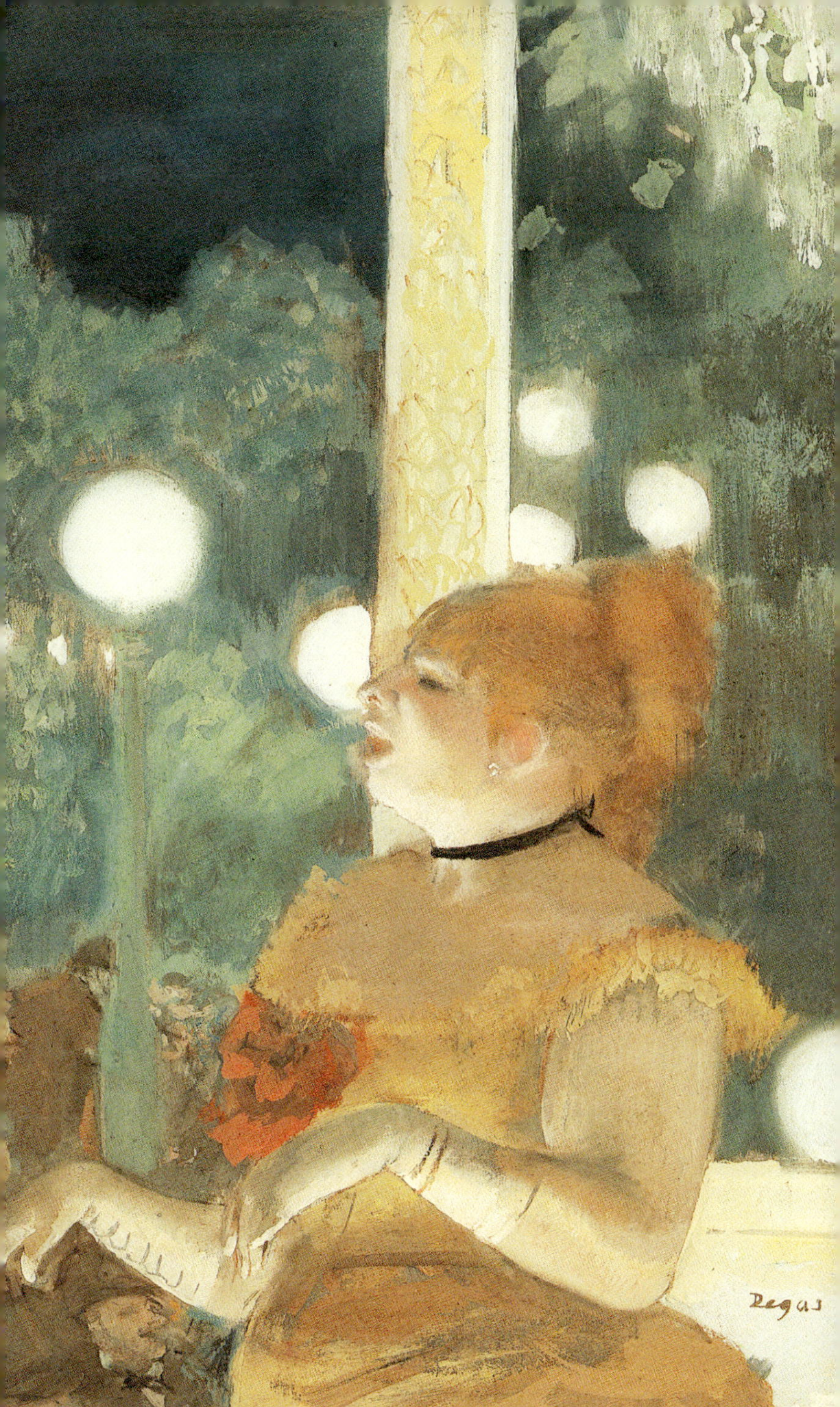

Edgar Degas, *La Chanson du chien* (détail), vers 1876-1877.
Gouache et pastel sur monotype. Coll. part.

Toutes viennent de milieux très populaires et s'exhibent devant les hautes classes de la société, à l'opéra* ou au café-concert. La *Petite Danseuse de quatorze ans* (1879-1881, Upperville), avec « son populacier museau », révèle la fascination de Degas pour ces femmes venues des quartiers les plus pauvres de la capitale, qui, à force de travail, parviendront à la beauté et à la grâce, et séduiront un homme riche qu'elles pourront ruiner à force de caprices.
Les chanteuses, telles Thérésa et la Bécat, que Degas a peintes poussant leurs « gueulantes », au café-concert des Ambassadeurs, ne deviendront pas papillon. Exagérant jusqu'à la caricature les gestes, les mots, les attitudes des faubourgs, elles bâtissent leur réputation sur leurs origines populaires qu'elles jettent à la face des spectateurs, qui se délectent de leur éloquence gouailleuse. C'est cette mise en scène de la séduction que Degas saisit le mieux dans ses œuvres. LM

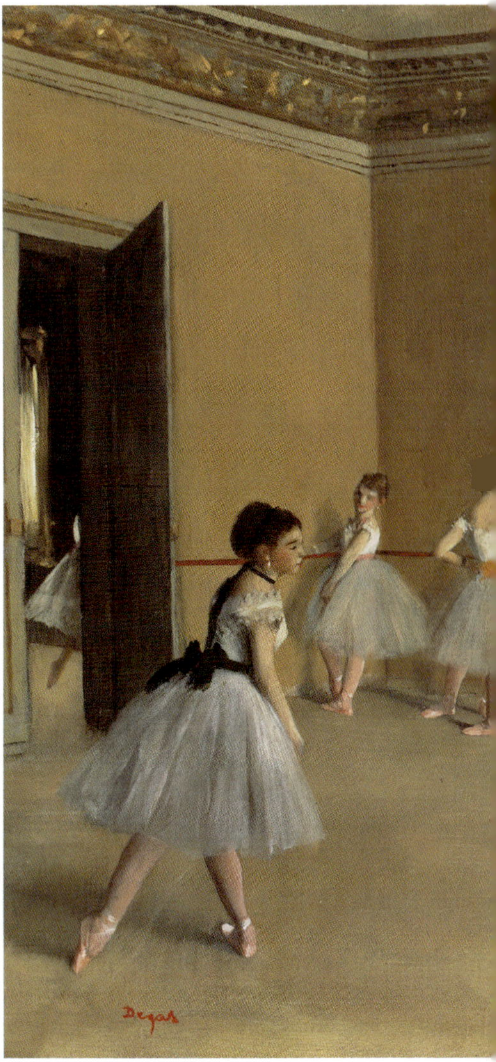

Edgar Degas, *Foyer de la danse à l'Opéra*, 1872. H/t 32 × 46. Paris, Orsay.

Degas (Edgar)

Fils de banquier, d'abord tenté par l'École des beaux-arts (1855), Degas (1834-1917) y suit l'enseignement* de Louis Lamothe, élève d'Ingres, chez qui il fortifie son goût de l'arabesque. Vers 1860, il ne tarde pas à rencontrer les habitués du café* Guerbois et à se lier d'une amitié indéfectible mais orageuse avec Manet*.
Cela le conduit à participer aux expositions du groupe*, sans abandonner les principes d'une conception artistique qui privilégie le dessin dans des compositions originales, où s'exercera très tôt l'influence de la photographie*et du japonisme*. Dans un souci de peindre le mouvement, il développe des variations thématiques à partir des multiples aspects de la vie et de la ville moderne [voir Rue et Hippodromes] (*Aux courses en province*, 1869, exposition de 1874, Boston), tout en rejetant le pleinairisme prôné par les autres membres du groupe. Toujours dans cette recherche, il consacre régulièrement des œuvres au motif du ballet, des

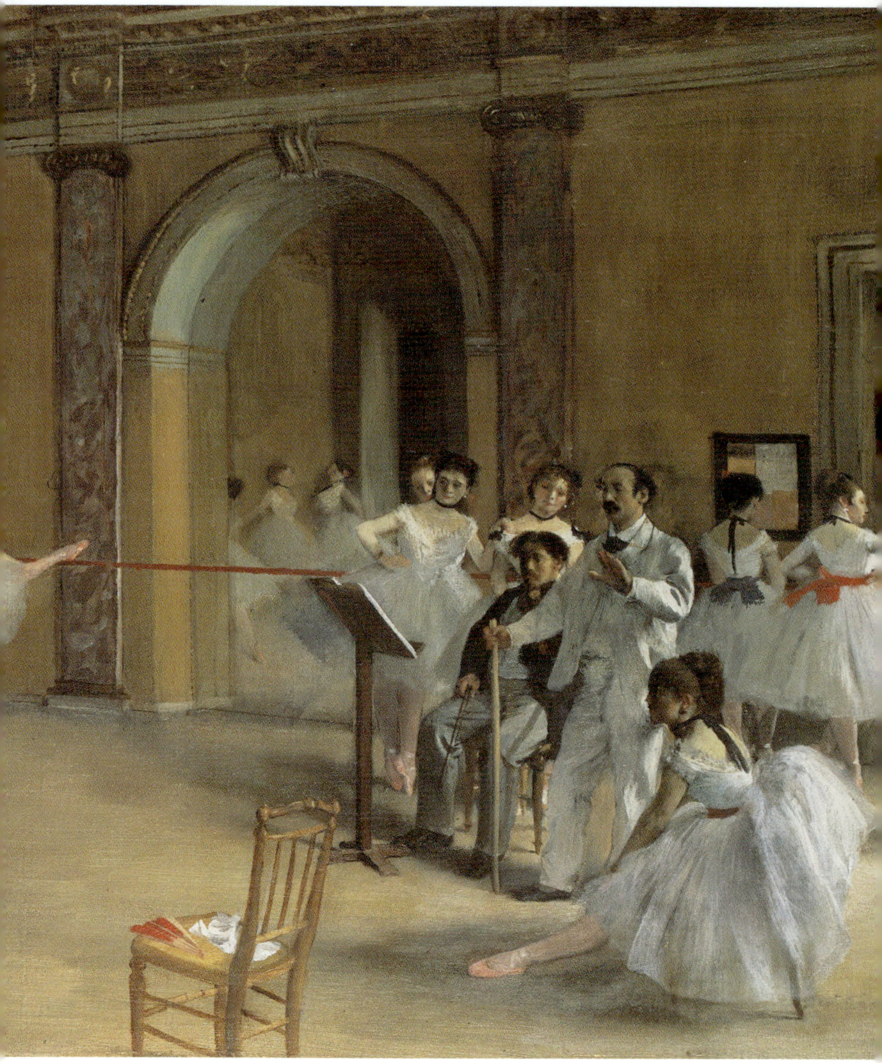

danseuses*, suivant les artistes des répétitions à la scène (*Répétition d'un ballet sur la scène*, 1874, Orsay).
Plus tard, des problèmes de vue l'obligent à reconsidérer son expression. Dès lors, la couleur* intense prime, disposée en hachures juxtaposées, particulièrement dans ses pastels (*Chez la modiste*, vers 1905-1910, Orsay). Mais entre temps, il a appris à maîtriser deux autres moyens d'expression : la sculpture (*Petite Danseuse de quatorze ans*, 1879-1881, Upperville) et la photographie à partir de 1895 (*Après le bain*, épreuve sur bromure, 1896, Malibu), qui inspire ou s'inspire de ses thèmes de prédilection (*Après le bain*, pastel et fusain, 1896, Paris) [voir Femmes à la toilette]. DL

LE DÉJEUNER SUR L'HERBE

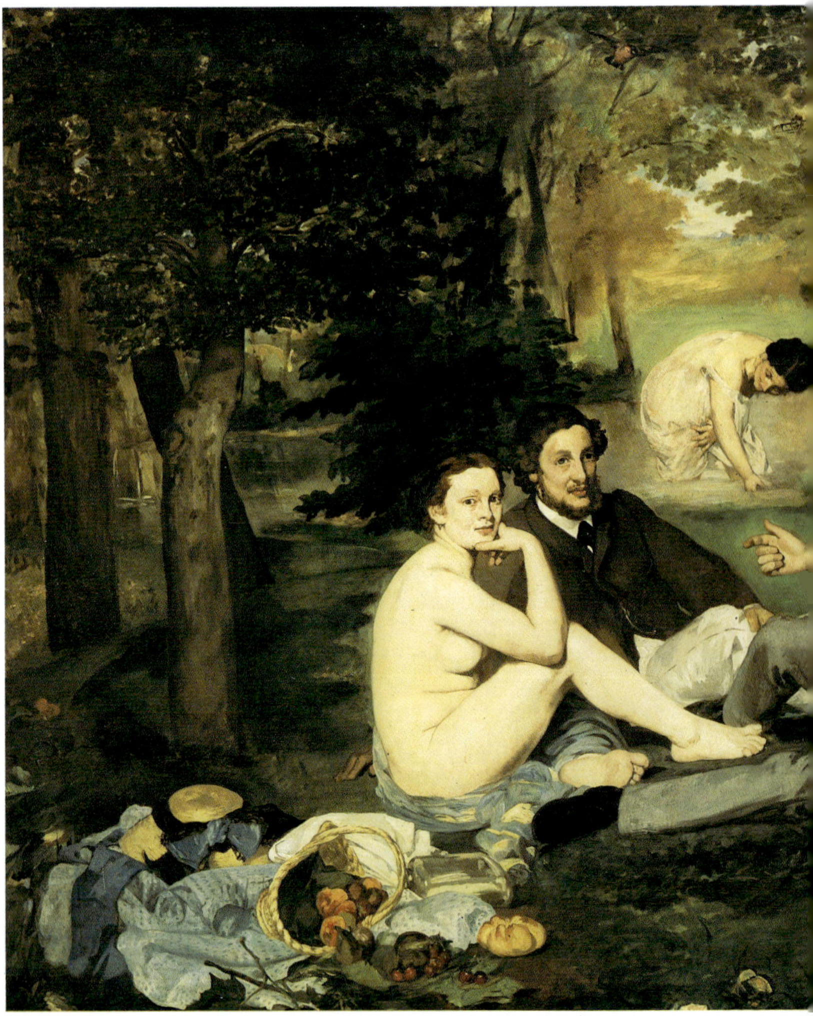

Le tableau révolutionnaire du Salon* des refusés de 1863, qui porte alors un titre différent (*Le Bain*) est pourtant l'un de ceux qui rendent, dans leur conception, l'hommage le plus personnel qui soit aux maîtres italiens de la Renaissance. On peut y lire le souvenir d'une gravure de Marcantonio Raimondi d'après *Le Jugement de Pâris* de Raphaël et, pour le personnage du fond, d'un détail d'un carton pour la tenture des *Actes des Apôtres* du même Raphaël. On peut y retrouver aussi une citation respectueuse du *Concert champêtre* de Titien.

Afin de pallier la sévérité du jury et pour marquer ses distances vis-à-vis d'une Académie qui le critiquait ouvertement, Napoléon III, pour la première fois, avait autorisé une exposition parallèle, ouverte aux refusés du Salon* (voir Espace public). Le préjugé défavorable d'une partie du public, accoutumée à l'art « officiel », était alors prévisible.

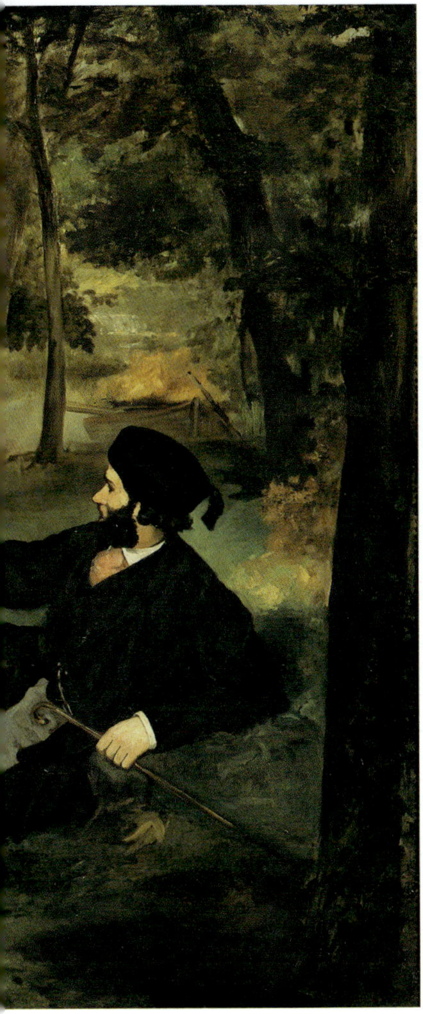

« Qui nous délivrera du tarabiscotage ? »
Manet

Édouard Manet
1863. H/t 208 × 264,5.
Paris, Orsay.

Peu de critiques remarquèrent ce qu'avait de novateur le tableau, dans la manière dont Manet* recrée les effets lumineux en variant la disposition de ses touches et en brossant plus largement certaines zones. Par ailleurs, il ne convoque plus les dieux à cette représentation, où il ose montrer côte à côte femme nue (Victorine Meurent) et hommes en habit noir (un des frères Manet et Fernand Leenhoff). À proximité des vêtements, abandonnés par le personnage féminin, il brosse une nature morte de cerises, de figues et de melons dans laquelle se glisse un hommage à Courbet*. L'excès de réalisme comme la perspective volontairement gauchie sont épinglés par la critique et les caricaturistes qui, aveugles, n'y voient qu'un étalage d'obscénités : « La Vénus de Cabanel (voir ill. p. 102), bien qu'impudique et lascive, n'est pas le moins du monde indécente, mais ce tableau l'est indiscutablement » (P. Hamerton). DL

DERNIÈRES ANNÉES : « L'art est une harmonie parallèle à la nature » (Cézanne)

« MM. Renoir* et Monet* ne sont pas rue Laffitte, non plus que MM. Raffaëlli, Cézanne*, Sisley*, Caillebotte*. Malgré ses lacunes, l'exposition est explicite : M. Degas* y figure avec des envois caractéristiques ; Mme Morisot* et MM. Gauguin* et Guillaumin y représentent l'impressionnisme* tel qu'il s'est traduit aux exhibitions antérieures ; MM. Pissarro*, Seurat et Signac innovent. » Le bilan partial de Fénéon (voir ill. p. 84) en atteste : l'impressionnisme (voir Nouvelle peinture) n'est plus ce qu'il avait pu être, lors de la dernière exposition du groupe* en 1886. Les grandes personnalités, à l'exception de Degas reconnu comme un peintre à part, ont tourné le dos aux expositions du groupe. Et il n'y aurait d'innovation que dans les œuvres pointillistes de Pissarro qui a suivi Seurat. Après la crise du début des années 1880, qui a également touché Monet, Renoir et Degas, chacun essaie de trouver seul un souffle nouveau, en poursuivant les recherches entreprises au cours des deux décennies précédentes, et en explorant les mêmes thèmes. Monet reste fidèle au paysage, Degas aux danseuses*, aux femmes* à leur toilette, aux chevaux (voir Hippodromes), Renoir aux nus*.

Mais dans tous les cas, les couleurs* sont souvent plus intenses, les compositions plus lyriques, la touche plus lâche, leur réalisme tend à se renouveler, et c'est ainsi qu'on a pu qualifier, à tort, certaines œuvres de Degas ou de Monet d'abstraites ou de symbolistes. Quant à Cézanne, il réinvente Poussin dans la palpitation réglée des couleurs. LM

Paul Cézanne, *La Montagne Sainte-Victoire, vue de Bibémus*, 1897. H/t 65 × 80. Baltimore, Museum of Art.

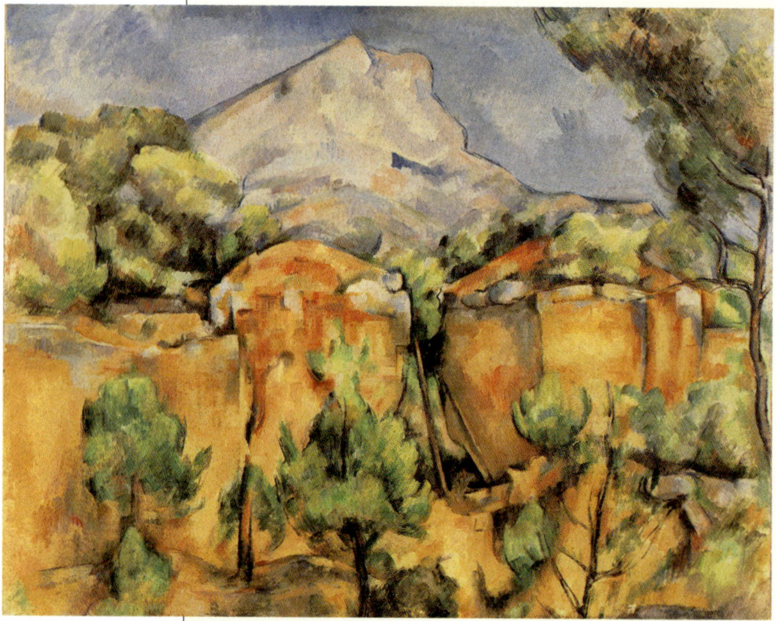

Duret (Théodore)

Républicain, communard, dreyfusard, journaliste, homme de lettres, japonisant (voir Japonisme), Duret (1838-1927) est aussi un personnage important du cercle impressionniste (voir Groupe). Jouissant d'une petite fortune personnelle, il fait ses débuts dans la politique, mais devient peu à peu critique d'art. Introduit dans le milieu du réalisme et de Courbet* en 1862, il fait bientôt la connaissance de Manet*, dont il devient un ardent défenseur et un fidèle client (voir Collectionner).

Après un voyage d'étude au Japon avec Cernuschi, il découvre un à un tous les impressionnistes. Non content de faire leur éloge dans la presse, il leur achète des œuvres, leur prête de l'argent, leur prodigue des conseils pour leur carrière. Soucieux de prosélytisme, il cherche à former d'autres amateurs. En 1878, il publie *Les Peintres impressionnistes.* Pour lui, la peinture impressionniste est née de l'héritage de l'école de Barbizon comme de l'influence des estampes* japonaises. Si l'on ajoute Courbet, le jugement reste pertinent. LM

Eau

L'eau est un nouveau thème exploré par les impressionnistes, dont Monet* est devenu le maître incontestable ainsi qu'en témoignent ses contemporains : « Monet est par excellence le peintre de l'eau » (Théodore Duret*). Et Stéphane Mallarmé* : « Claude Monet aime l'eau, c'est son don spécial d'en représenter la mobilité et la transparence, eau de mer ou de rivière, grise et monotone, ou de la couleur du ciel ».

Mais l'impressionnisme est aussi né de l'eau, de l'observation et de la représentation de cet élément variable, instable. En 1869, sur les bords* de la Seine, aux bains de la Grenouillère, Monet représente,

Pierre-Auguste Renoir, *La Grenouillère*, 1869. H/t 66,5 × 81. Stockholm, Nationalmuseum.

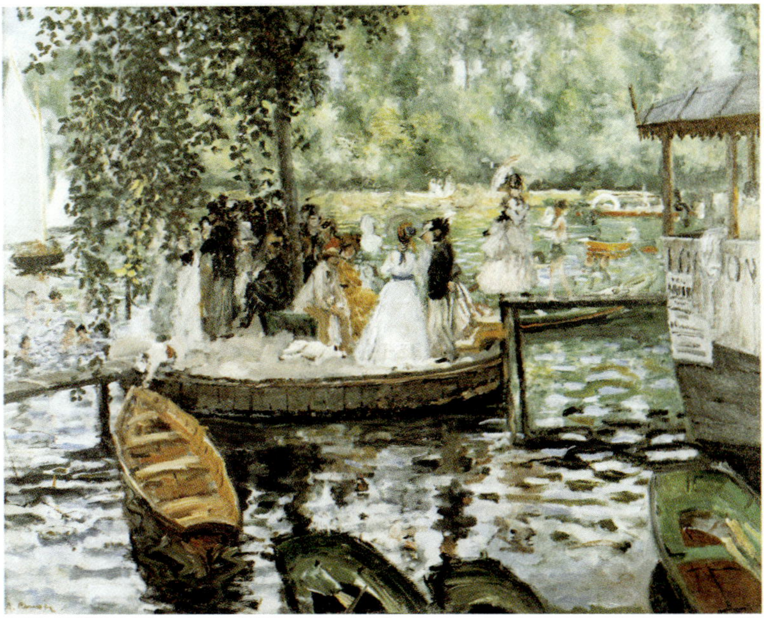

aux côtés de Renoir*, le ponton et ses baigneurs, les barques, finissant de se concentrer sur l'étendue liquide dont le scintillement est rendu par une touche vibrante (*La Grenouillère*, 1869, New York). À partir de ce moment, l'eau prendra une place de plus en plus importante dans son œuvre, poussant le peintre à fabriquer un bateau-atelier (voir Peindre sur le motif), à peindre sur une barque, à réaliser à Giverny* des « paysages d'eau » (voir Nymphéas).

Tous les paysagistes impressionnistes s'intéressent à l'eau. Sisley* en peignant son *Inondation* à Port-Marly* (1876, Orsay) désamorce la peinture à sensation.

Caillebotte* exécute également des étendues d'eau, mais elles refusent de se laisser pénétrer par la lumière*, tout comme celles de Manet* qui, de manière symptomatique, ne s'intéresse à l'eau qu'à partir de 1874, lorsqu'il fréquente Monet à Argenteuil. LM

Espace

La perspective a été « inventée » au XVe siècle afin de recréer, dans l'espace du tableau un monde cohérent dont chaque partie entretient avec le tout un rapport logique.

Or les impressionnistes cherchent à rendre l'« impression » du motif. Dès lors, la fidélité à une cohérence spatiale et mathématique, contraire à l'expérience réelle du peintre, n'a plus lieu d'être.

L'influence des estampes* japonaises (voir Japonisme) et leurs perspectives insolites, est pour beaucoup dans les métamorphoses spatiales qu'opèrent les impressionnistes. Lorsqu'il peint *Terrasse à Sainte-Adresse* en 1867 (New York), Monet*

ENSEIGNEMENT ACADÉMIQUE

Entre Paris et Rome

Depuis son installation dans l'ancien couvent des Petits Augustins en 1820, l'École des beaux-arts, émanation de la classe des Beaux-Arts à l'Institut, domine l'enseignement artistique, sans le contrôler complètement.

Après l'abandon d'une formation exclusive au dessin, dispensée par des professeurs qui changeaient tous les mois, l'enseignement académique après 1863 comprend, outre certains cours (dessin d'anatomie, dessin d'après l'antique, histoire et archéologie), la pratique de la peinture elle-même, jusque-là réservée aux ateliers extérieurs à l'École des beaux-arts. La finalité du cursus académique est le concours pour le prix de Rome, qui ouvre au lauréat les portes de la villa Médicis et ultérieurement celles du Salon*, du Luxembourg et de l'Institut.

Parmi les futurs membres du groupe* impressionniste, deux seulement semblent s'être passagèrement intéressés à cet enseignement : Degas* qui passe l'examen d'entrée en mars 1855 et est reçu trente-troisième sur quatre-vingts, et surtout Renoir* qui y étudie entre 1861 et 1864, après avoir été reçu soixante-huitième sur quatre-vingts. Lui seul se présente à deux reprises pour tenter d'obtenir le prix de Rome.

Parmi les autres, nombreux sont ceux qui préfèrent un enseignement distinct, tel que celui pratiqué dans les ateliers de Gleyre (voir Apprentissage) ou de Couture*, ou dans les nombreuses académies qui voient le jour à la fin des années 1860 et au début des années 1870 : académie Julian, académie Colarossi, académie Suisse… où il n'est pas rare de rencontrer des enseignants issus des Beaux-Arts. DL

découpe son espace en bandes parallèles qui entraînent une distorsion de l'espace. Le peintre qualifie lui-même cette œuvre de « tableau chinois ». L'intensité des couleurs* renforce cette sensation et crée des espaces plans.
C'est ce que Cézanne* pouvait constater en exécutant une vue de *L'Estaque* (1898, São Paulo) : « C'est comme une carte à jouer, des toits rouges, la mer bleue ». L'étendue bleue et plate de la mer, l'horizon placé très haut nient presque toute profondeur.
La recherche continuelle des impressionnistes, de Pissarro* et de Degas* notamment, sur les cadrages et les points de vue rapprochés et accélérés remettent également en cause la perspective centrée. LM

■ ESPACE PUBLIC, ESPACE CRITIQUE
« Exposer est une question vitale » (Manet)

À la fin du XVIIe siècle, les textes fondateurs de l'académie des Beaux-Arts ajoutent un débouché aux œuvres d'art, en plus des foires héritées du Moyen Âge et des boutiques, en prévoyant la tenue régulière d'expositions, où cependant seuls les peintres admis dans ce cénacle sont habilités à présenter leurs travaux. Cette mesure signe l'acte de naissance du Salon, qui tire son nom des expositions qui ont lieu, au début du XVIIIe siècle, dans la partie du Louvre appelée Salon Carré.
D'année en année, le Salon s'impose comme le principal lieu pour exposer, mais aussi pour vendre les œuvres d'art. Les académiciens, puis tous ceux, après 1791, qui veulent faire profession de peintre, peuvent présenter leurs œuvres à d'éventuels acheteurs, après les avoir soumis au verdict d'un jury formé, jusqu'au second Empire et sauf exception, par les membres de l'académie. Cependant, très tôt quelques peintres contournent le système et organisent des expositions personnelles dans leurs ateliers*.
En 1855, Courbet*, dont *Un enterrement à Ornans* (1849, Orsay) et *L'Atelier* (1855, Orsay) sont refusés à l'Exposition* universelle, ouvre son *Pavillon du Réalisme*. Il sème parmi les jeunes peintres, pour lesquels « exposer est une question vitale » (Manet), la graine de la sécession. En 1867, Manet ouvre une exposition particulière ; Bazille*, Monet*, Renoir*, Pissarro*, Sisley*, Cézanne*, Morisot* et Degas* choisissent d'exposer dans un atelier loué pour l'occasion. L'exposition des impressionnistes de 1874 ne brise pas tout de suite la position hégémonique du Salon*, qui attire encore les peintres. Mais en montrant qu'une organisation est possible en dehors de la tutelle de l'administration, elle préfigure la création du Salon des indépendants (1884), et l'éclatement du Salon (1889). LM et DL

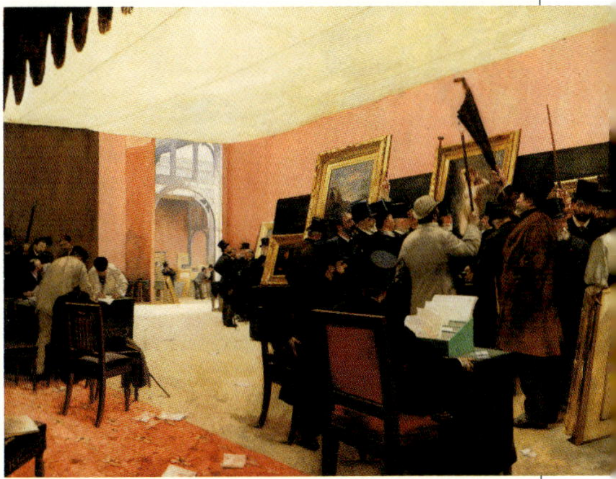

Henri Gervex, *Le Jury de peinture, Salon des artistes français,* 1885. H/t 294 × 384. Paris, Orsay.

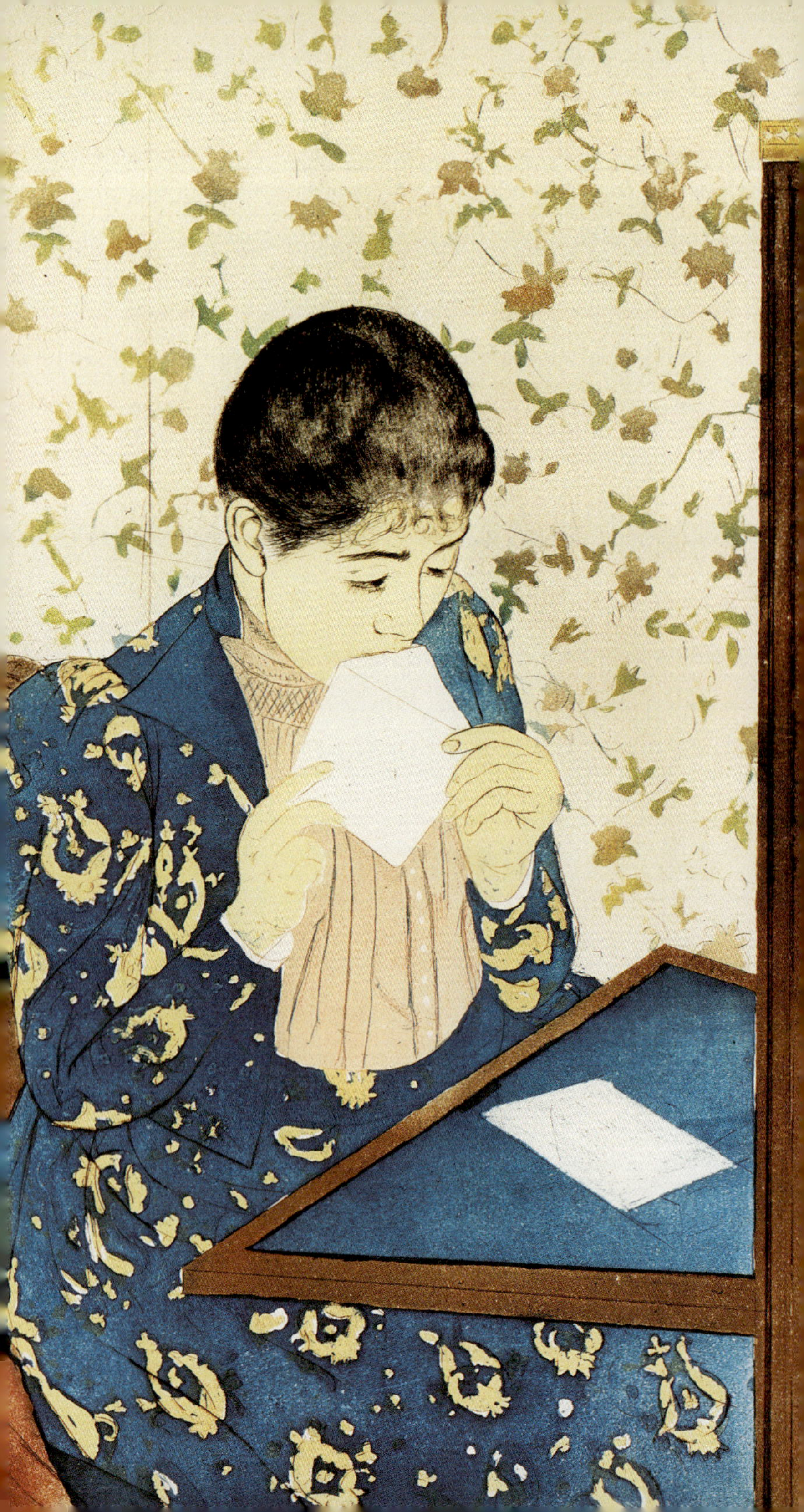

Estampe (L')

Phénomène essentiellement lié à l'essor de l'affiche, l'eau-forte en couleurs réapparaît dans les années 1890, après une longue éclipse au XIXe siècle. L'arrivée de l'estampe japonaise (voir Japonisme) en France et l'intérêt des impressionnistes pour la couleur ne sont pas étrangers à ce renouveau. Pissarro, Cassatt ou Cézanne gravent aussi bien sur cuivre et sur pierre que sur zinc, sur verre ou sur Celluloïd. Des papiers de différentes couleurs reçoivent l'empreinte de planches imbibées des liquides les plus divers, essence ou sulfate de soude, mais aussi résine et vernis mou. Les épreuves sont retouchées et rehaussées de gouache ou de pastel, à l'exemple des monotypes de Degas qui en réalise plus de deux cents.

En 1889, autour des graveurs Bracquemond et Guérard, s'organise une Société des peintres-graveurs qui présente aussi bien des estampes que des tableaux. L'éditeur Marty publie une première série en 1888, puis une seconde en 1893 sous forme d'albums sous le titre *L'Estampe originale*. À partir de 1896, le marchand* Vollard édite des lithographies qu'il commande aux artistes. DL

Expositions universelles

Avec la Great Exhibition of the Works of Industry of All Nations de Londres en 1851 naît un nouveau type de manifestation : l'Exposition universelle qui a pour vocation de réunir en un seul lieu et pour quelques mois les productions insignes de tous les pays participants.

Dès 1855, la France se lance dans une entreprise similaire, l'Exposition universelle des produits de l'agriculture, de l'industrie et des beaux-arts est visitée par 5 162 330 personnes.

Cette année-là, Salon* et Exposition des beaux-arts au sein de l'Exposition ne font qu'un. En 1867, Manet, considérant l'événement comme un aspect majeur de la modernité, en a laissé une vision très personnelle dans une œuvre conservée aujourd'hui à la Nasjonalgalleriet d'Oslo (*L'Exposition universelle de 1867*). La même année, Monet et Renoir peignent la capitale remodelée avec l'espoir d'écouler cette production auprès des visiteurs étrangers de passage. DL

Fantin-Latour (Henri)

Fantin-Latour (1836-1904) échoue au concours d'admission à l'École des beaux-arts (voir Enseignement) en 1854. Dès cette époque, sa peinture se tient à égale distance des excès du romantisme et du réalisme.

Sur les conseils de Whistler*, il peint de nombreux tableaux de fleurs que la Société des trois, qu'ils ont fondé avec Legros, se charge de présenter outre-Manche. Avant sa première exposition à la Royal Academy de Londres, il a le temps de profiter, à la fin de 1861, des

Mary Cassatt, *La Lettre* (détail), 1890-1891. Pointe sèche et aquatinte. Paris, Bibliothèque nationale.

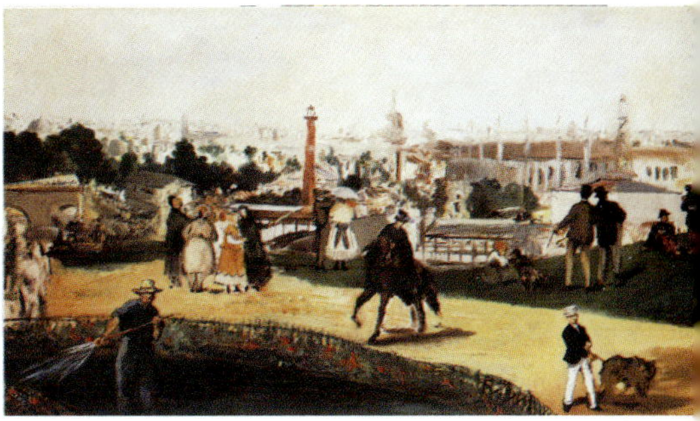

Édouard Manet, *L'Exposition universelle de 1867.* H/t 108 × 195. Oslo, Nasjonalgalleriet.

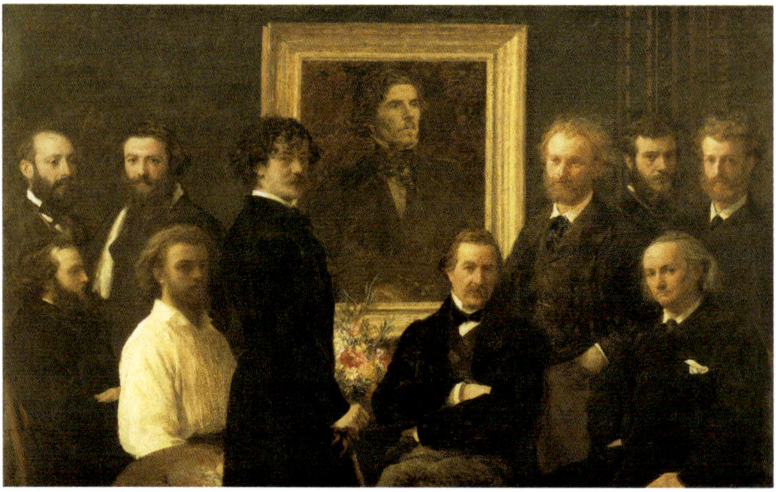

Henri Fantin-Latour, *Hommage à Delacroix*, 1864. H/t 160 × 250. Paris, Orsay.

conseils de Courbet* dont il adoucit le réalisme dans ses compositions intimistes et sobres de tons. Bien qu'il soit l'ami de la plupart de ceux qui s'illustrent dans le mouvement impressionniste, il refuse, comme Manet*, de participer à leurs expositions, préférant le confort du Salon* qui le reçoit régulièrement depuis *Hommage à Delacroix* de 1864 (Orsay) où il se peint aux côtés de Whistler, Manet et Baudelaire*. DL

Femmes peintres

Parmi les peintres affiliés au courant impressionniste, trois femmes surent conquérir une place d'importance.
Berthe Morisot (1841-1895), marquée par ses rencontres avec Corot* et Manet*, participe à l'exposition de 1874 et reste fidèle au mouvement jusqu'en 1886. Sa personnalité, déjà sensible dans *La Lecture* (1873, Cleveland), s'affirme dans les différentes expositions

FEMMES À LA TOILETTE : « J'ai peut-être trop considéré la femme comme un animal » (Degas)

Dégagé du nu* mythologique et désireux de traiter des sujets modernes, les peintres impressionnistes, à la suite de *La Toilette* de Bazille (1869-1870, Montpellier), n'hésitent pas à aborder le thème des femmes à leur toilette, faisant accéder le spectateur à une intimité charnelle. Les impressionnistes adoptent deux attitudes et deux types de représentation.
Celle, dénonciatrice, de Manet* dans *Nana* (1877, Hambourg, voir ill. p. 103), peint avant la parution du roman de Zola* mais qui doit certainement beaucoup aux échanges entre les deux hommes. La scène est réaliste comme dans le roman, cette femme à sa toilette est une prostituée (voir Prostitution) dont le regard prend à témoin le spectateur-voyeur.
De son côté, Degas* présente, à l'exposition de 1886, une série* de nus de femmes se baignant, se lavant, se séchant, se peignant ou se faisant peigner (pastels). Éloignées de l'idée conventionnelle de la beauté, ces œuvres réalistes vues, selon leur auteur, à travers un trou de serrure visent à saisir l'essence du mouvement (voir Instantanéité) et de l'intimité féminine. DL

du groupe* à travers des paysages ou des scènes intimistes aux couleurs* claires et à la matière légère (*La Chasse aux papillons*, 1874, Orsay), avant que celle-ci ne devienne, à partir de 1880, plus riche sous l'influence de Renoir* (*Le Quai de Bougival*, 1883, Oslo).
Mary Cassatt (1845-1926), après une formation aux États-Unis, s'installe en France en 1872. Sa rencontre avec Degas* en 1877 joue un rôle majeur dans l'évolution de sa production. Ses scènes intimistes acquièrent alors une plus grande luminosité (voir Lumière) tandis que sa touche se libère (*En voiture*, vers 1879, Philadelphie) et que ses travaux de gravure et sa connaissance de l'art japonais (voir Japonisme) lui permettent d'affermir son dessin et la structure de ses tableaux (*Jeunes femmes cueillant des fruits*, 1891, New York). Mary Cassatt considère la femme en égale, modifiant par la même la relation entre le spectateur et le modèle féminin représenté sur la toile. *Dans la loge* (1880, Boston) montre une femme examinant en toute liberté le public du théâtre, sans se soucier qu'au même moment un homme a dirigé ses jumelles vers elle.
Eva Gonzalès (1849-1883) quitte l'enseignement du peintre Chaplin pour devenir, à partir de 1869, la seule élève qu'ait jamais eu Manet, et comme lui, préfère présenter ses toiles au Salon*. Son influence se fait immédiatement sentir sur *Enfant de troupe* (1870, Villeneuve-sur-Lot) exposé au Salon de 1870 et aussitôt acheté par l'État. À sa mort, elle ne laisse qu'un nombre restreint d'œuvres, dont de nombreux pastels empreints de grâce et de sérénité (*Matin rose*, 1874, Orsay). DL

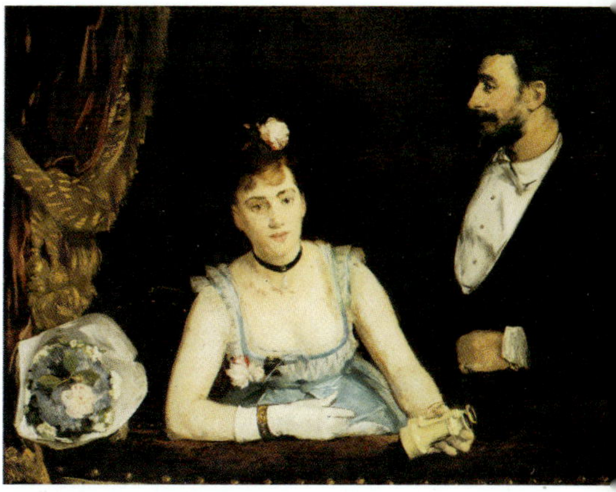

Eva Gonzalès, *Une loge aux Italiens*, v. 1874. H/t 98 × 130. Paris, Orsay.

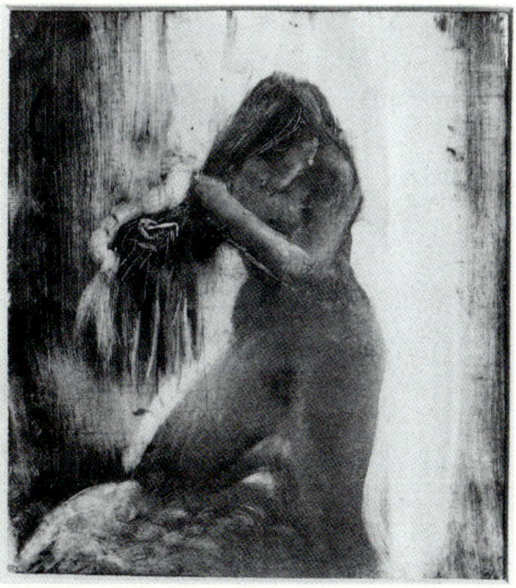

Edgar Degas, *Femme se coiffant* (*La Chevelure*), 1880-1885. Monotype, 31,3 × 27,9. Paris, Louvre, département des Arts graphiques.

Figure et paysage

Figure ou paysage ? Les impressionnistes refusent de choisir. Mieux, l'intégration des figures au paysage devient leur grande préoccupation et l'enjeu de leur groupe* naissant au début des années 1860, le point de discussion entre Manet* et la jeune génération. « Le rêve que font tous les peintres : mettre des figures de grandeur naturelle dans un paysage », assure Zola*.

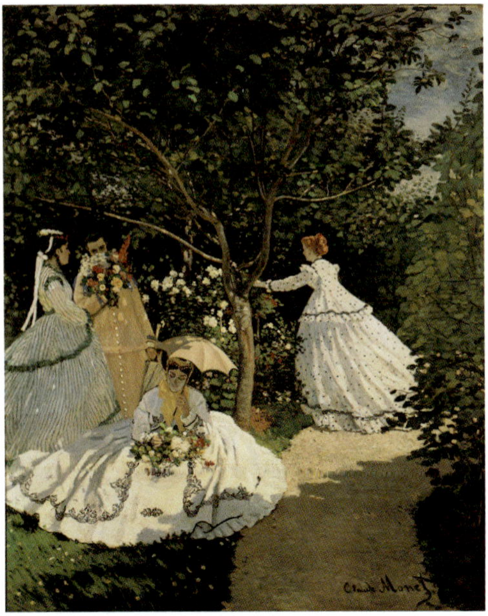

Le thème n'est pas nouveau et constitue une réponse moderne au genre académique du « paysage historique ». Mais les jeunes peintres cherchent dans leurs compositions à faire du paysage (voir Peinture de paysage) autre chose qu'un décor et à créer un équilibre entre des personnages et un paysage également réalistes, ce que n'avaient réussi qu'imparfaitement à faire leurs aînés, Courbet* et Manet. L'ambition de leur recherche se retrouve dans la taille des formats qu'ils adoptent. Ainsi Monet, dans son *Déjeuner sur l'herbe* (1865, Moscou et coll. part.), qui constitue le point d'orgue de cette quête et devait l'imposer au Salon*, choisit une toile de 6 mètres sur 4 sur laquelle il dispose une douzaine

FRANCE IMPRESSIONNISTE
Le long des fleuves, le long des côtes

L'extension rapide du réseau de chemin de fer sous le Second Empire (voir Gares) et l'évolution du matériel permettent aux artistes de se rendre rapidement sur le motif et d'en varier à loisir le traitement pictural. Ils suivent en cela toute une population citadine qui fuit l'urbanisation et l'industrialisation.

Corot*, Millet et Diaz font beaucoup pour la revalorisation de la peinture* de paysage avec leurs vues de Barbizon, de Chailly ou de Marlotte. Prenant leur suite, les élèves de l'atelier Gleyre (voir Apprentissage) fréquentent ces lieux vers 1860, s'y exercent à esquisser dans l'urgence avant d'étendre leurs recherches à un territoire qui va au-delà de l'Ile-de-France, puisque de Vernon au nord, il rejoint Moret-sur-Loing au sud.

De part et d'autre des rives de la Seine s'implantent des cafés et des restaurants, où affluent les Parisiens en excursion (voir Parties de campagne). C'est à Argenteuil vers 1870 que les caractéristiques de la peinture impressionniste (voir Nouvelle peinture) sont formulées et que Manet* y adhère. Monet* choisit de finir ses jours à Giverny*, face au spectacle sans cesse renouvelé de son jardin*.

Les côtes* de la Manche, de Calais à Cherbourg, facilement accessibles de la gare Saint-Lazare ou de la gare du Nord, voient les débuts de Boudin* et de Jongkind, et restent un lieu de prédilection pour Monet, qui peint à de nombreuses reprises Étretat, Rouen, Sainte-Adresse, mais c'est au Havre qu'il réalisa ce *Soleil levant sur Le Havre* qui apparaît rebaptisé en 1874 sous le titre de *Impression, soleil levant* (Marmottan) et qui donne son nom au mouvement.

De Montpellier à Menton, la côte méditerranéenne est aussi source d'inspiration pour Bazille (Montpellier) vers 1860 avant de l'être pour Cézanne (Aix-en-Provence, Estaque) et Renoir (Cagnes) après 1875. DL

de personnages. Il échoue. Mais, avec des formats plus modestes, Renoir* multiplie et impose les scènes de plein air dans lesquelles les modèles baignent naturellement dans la lumière* du paysage à partir du début des années 1870, comme dans *La Balançoire* (1876, Orsay). Monet, devenu paysagiste, regrette toute sa carrière d'avoir abandonné ce thème sur lequel il reviendra à la fin des années 1880, tout comme Pissarro* et Cézanne*. LM

Claude Monet, *Femmes au jardin*, 1867. H/t 255 × 205. Paris, Orsay.

Gares et trains

Le thème de la gare et du chemin de fer, nié par les peintres de Barbizon, est le sujet résolument moderne dont les impressionnistes peuvent s'emparer pour renouveler le paysage (voir Peinture de paysage), tandis que l'apparition de ce nouveau moyen de transport révolutionne le visage de la France. Dès le début des années 1870, Monet* et ses amis, qui investissent les environs de Paris grâce au train, introduisent ce motif dans leurs tableaux. Traversée par la ligne noire des wagons qui défilent, la nature apparaît brusquement domestiquée, la campagne devient un parc de loisirs, un modeste jardin*. Partout surgissent des ponts et des viaducs qui barrent les paysages, créent d'immenses perspectives et deviennent un motif privilégié de Monet, Renoir*, Sisley*, Pissarro* et Caillebotte*.
Dans les villes, l'introduction du chemin de fer est tout aussi

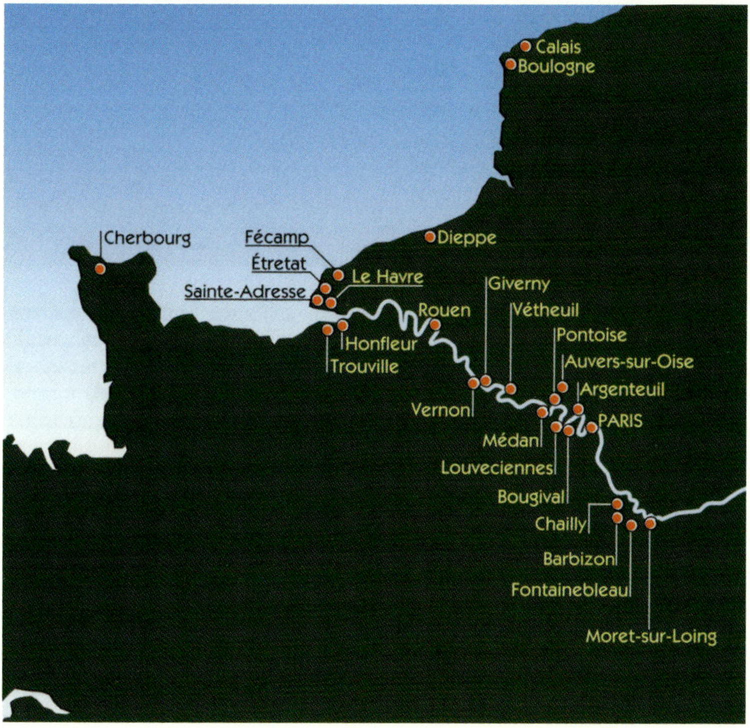

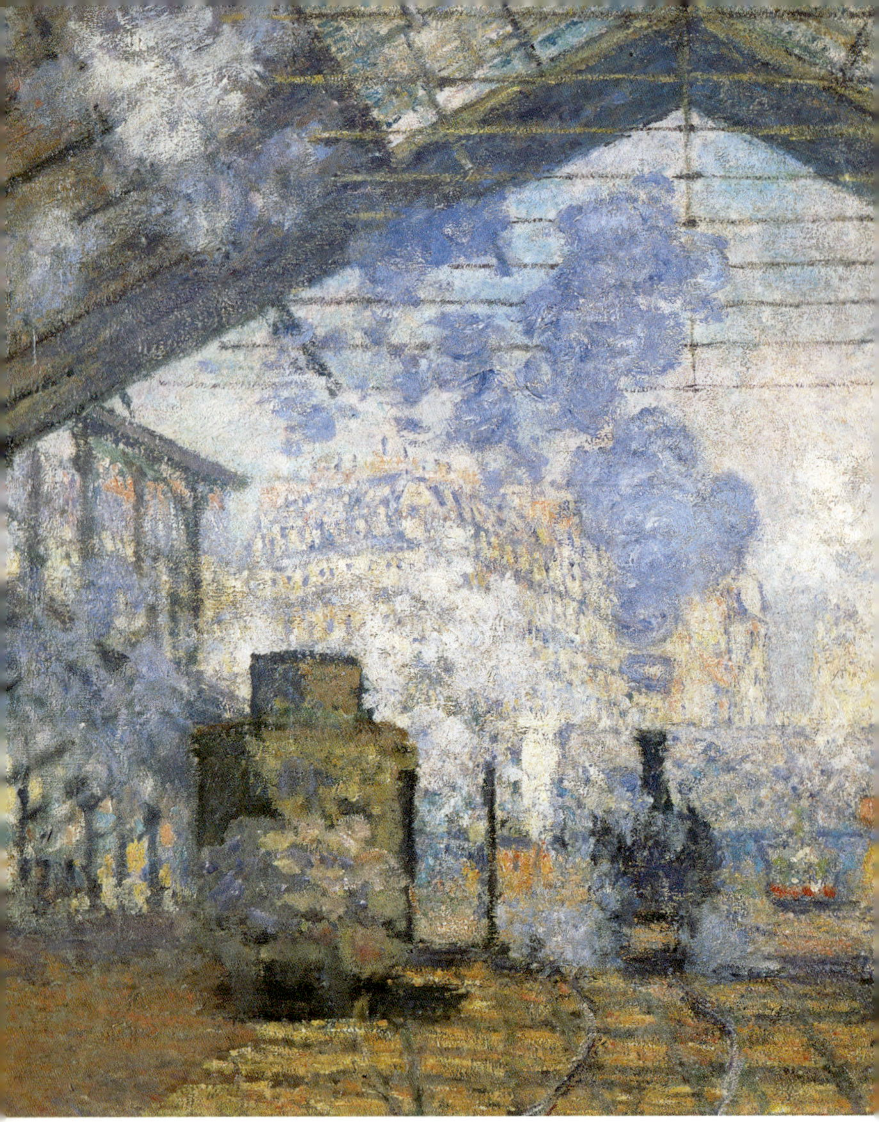

violente. Il taillade la cité et oppose la rigueur de ses lignes de fer et le brouillard des jets de fumée des locomotives. Manet* et Caillebotte sont fascinés par cet affrontement mais restent éloignés de la gare, cette « cathédrale de l'humanité nouvelle » (Gautier). Seul Monet s'en approche et pénètre dans son antre en 1876 et 1877, car « là est aujourd'hui la peinture, dans ces cadres modernes d'une si belle largeur. Nos artistes doivent trouver la poésie des gares, comme leurs pères ont trouvé celles des forêts et des fleuves » (Zola*, 1877). LM

Claude Monet, *La Gare Saint-Lazare*, 1877. H/t 755 × 104. Paris, Orsay.

Claude Monet et Gustave Geffroy à Giverny.

Gauguin (Paul)

Fils d'un obscur journaliste libéral et d'une noble péruvienne descendante de Flora Tristan, Paul Gauguin voyage beaucoup durant sa jeunesse. Rien cependant, dans les années 1870, ne laisse présager sa future carrière : il travaille chez un agent de change, épouse la jeune danoise Mette-Sophie Gad, collectionne les peintres impressionnistes et

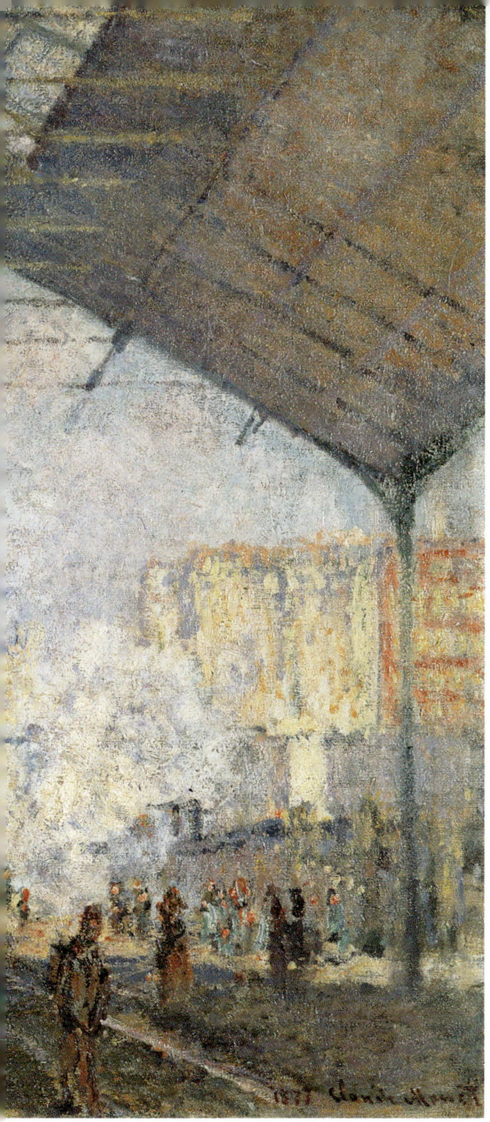

Geffroy (Gustave)
C'est en 1886 que Gustave Geffroy (1855-1926) rencontre Monet* à Belle-Ile-en-Mer. Le peintre commence alors à être reconnu et l'homme de lettres accompagnera par ses écrits sa notoriété grandissante.
Depuis 1880, il prend position, dans *La Justice*, pour les peintres impressionnistes que ses convictions naturalistes conduisent à défendre. Il est en effet très lié à Edmond de Goncourt, Daudet, Zola* et Mirbeau. Pour Geffroy, comme pour Duret*, l'impressionnisme, c'est avant tout le paysage (voir Peinture de paysage). Après Monet qu'il admire au plus haut point et dont il fait le chef de file incontestable, il s'intéresse également à Pissarro*, à Sisley* et à Cézanne*, qui réalise son portrait après l'article de 1894 qu'il consacre au maître d'Aix. Dans sa définition de l'impressionnisme, il associe des artistes comme Whistler* ou Carrière, en affirmant qu'il s'agit avant tout d'« une peinture qui va vers le phénoménisme » et offre au regard comme l'« impression par l'homme éphémère devant la nature permanente ». LM

peint en dilettante. Cependant le financier ne tarde pas à s'effacer devant le peintre, et ni la réception au Salon* de 1876 ni les participations aux expositions impressionnistes, à partir de 1879, ne lui apportent le succès qu'il cherche. En 1883, il étudie à Rouen auprès de Pissarro*. En 1886, il est à Pont-Aven où il rencontre Émile Bernard et Laval. *La Vision après le sermon* , avec sa prairie rouge vif et son espace aboli, marque nettement sa rupture avec l'impressionnisme. DL

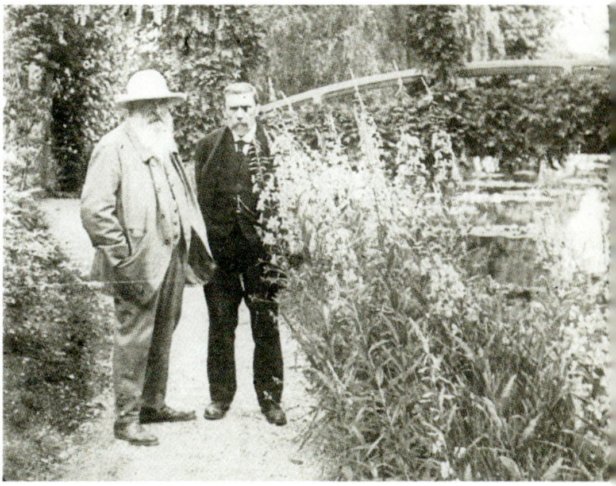

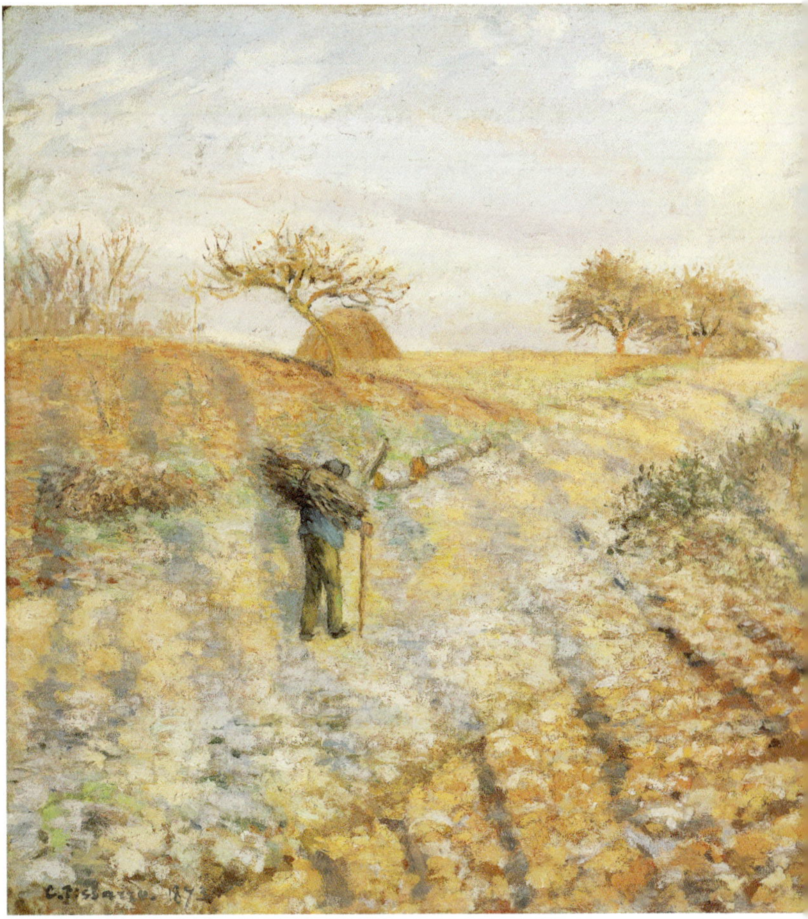

Gelée blanche, ancienne route d'Ennery, Pontoise
Camille Pissarro
1873. H/t 65 × 93. Paris, Orsay.

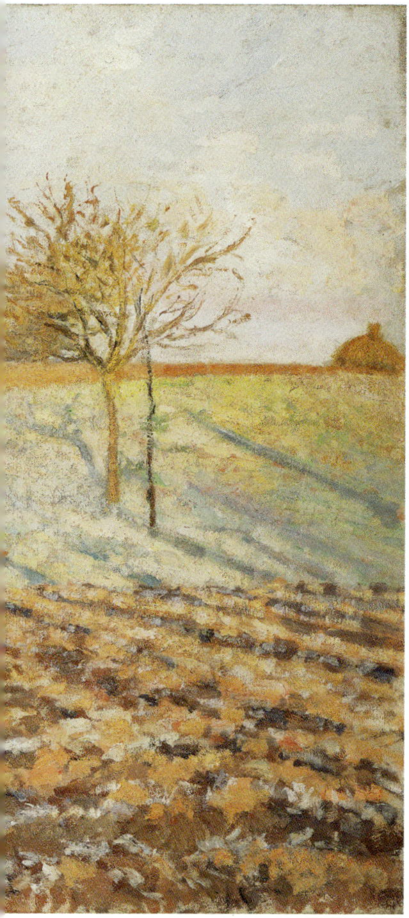

GELÉE BLANCHE

Avant de se lancer dans la représentation de paysages urbains (voir Rue), Pissarro s'est largement consacré à des sujets ruraux, inspirés par les paysages d'Ile-de-France, sites de prédilection que le chemin de fer (voir Gares) met à la portée des citadins en mal de villégiature (voir Parties de campagne), et des peintres réalistes.

Dans les tableaux qu'il exécute à cette époque, la matière picturale épaisse et très travaillée exclut les noirs et les bruns et, en une série de touches irrégulières et sans ordre établi, produit des effets de lumière*. Cette vibration colorée, les autres membres du groupe* l'appliquent plus volontiers à leurs représentations du ciel ou de l'eau*. La variété et le raffinement des échanges chromatiques entre le ciel et le sol de cette vue de Pontoise ont peu d'équivalent parmi les œuvres de cette période. La lumière règne en maître, accordant le traitement de la couleur (voir Chevreul) à la visée sociale, sans fard, de la toile : le dur travail des champs. La mention hivernale (voir Hiver) de la gelée, lui confère la valeur d'une peinture d'histoire, mais dénonciatrice et revendicatrice.

L'apparition d'une telle œuvre, marginale par rapport à la peinture de Salon* et même par rapport à celle des autres impressionnistes, ne peut que s'attirer des propos malveillants et, au mieux les sarcasme de la critique. Leroy, journaliste du *Charivari* qui présente son compte rendu le 25 avril 1874 sous forme de dialogue, fait ainsi dire à ses interlocuteurs : « Ça, des sillons, ça, de la gelée ?... Mais ce sont des grattures de palette posées uniformément sur une toile sale. Ça n'a ni queue ni tête, ni haut ni bas, ni devant ni derrière. – Peut-être, mais l'impression* y est. – Eh ben, elle est drôle, l'impression. » Témoignage fondamental qui nous révèle l'amalgame et le rejet que provoquent cette toile et celle de Monet, *Impression, soleil levant* (Marmottan) présentes au même moment dans l'ancien atelier de Nadar. DL

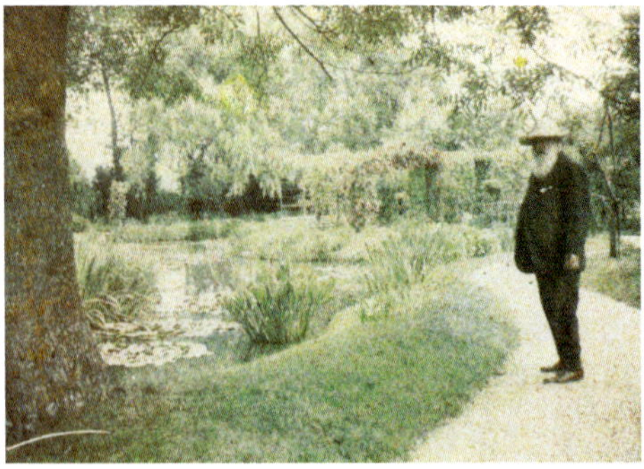

Claude Monet à Giverny, vers 1917.

Giverny

Découvert par Monet* en 1883, le village de Giverny, proche de Vernon est traversé nonchalamment par la Seine, étendant çà et là ses méandres qui forment des îles bordées de peupliers. Les alentours fourniront maints motifs à Monet qui approfondit ses recherches sur le paysage*, en créant ses séries*. Mais Giverny, c'est aussi un jardin* où il s'empresse de planter des fleurs « pour peindre dans les mauvais jours ». Et dès 1900, le jardin, dans lequel il engloutit 40 000 F par an, excite la curiosité des amateurs. « Il n'y a que la terre. Moi, j'en arrive à trouver une motte de terre admirable et je reste des heures entières en contemplation devant elle. Et le terreau... je m'en barbouille et je vois dans les tas fumants les belles formes et les belles couleurs qui naîtront de là » déclarait le peintre ou le jardinier. À Giverny, Monet confond profondément les deux passions de son existence. LM

GROUPE : LES ANNÉES 1874-1886
Un cercle à géométrie variable

La Capucine, impressionnistes, indépendants, intransigeants, société anonyme, réalistes... la multitude des noms accolés aux différentes expositions du groupe, entré finalement dans l'histoire sous l'appellation d'« impressionniste », en révèle l'hétérogénéité : les statuts de la première Société anonyme coopérative des artistes à Paris sont publiés dans *La Chronique des arts et de la curiosité* (17 janvier 1874). La première des huit expositions qu'ils organiseront est inaugurée le 15 avril 1874, dans l'ancien atelier du photographe Nadar au 35, boulevard des Capucines. Chacune d'entre elles (1874, 1876, 1877, 1879, 1880, 1881, 1882 et 1886) est l'objet de négociations, de compromis, de renoncements remettant en cause la stricte notion de groupe.

Dès la première exposition, trois clans existent : celui des artistes qui refusent de s'associer au projet, tels Manet* et Fantin-Latour* ; celui des peintres qui, dès 1867, conçoivent ce projet ; celui des « artistes associés », dont les contributions financières sont vitales à la réalisation du projet. Les dissensions, qui traversent ces huit expositions, tournent autour de deux problèmes majeurs. Un « impressionniste » peut-il exposer à la fois avec ses camarades, de manière indépendante, et « au Salon* de Monsieur Bouguereau » ? Comment concilier le réalisme citadin de Degas* et de sa coterie avec les recherches sur le paysage de Monet* et de ses partisans ? En 1877, à l'instigation de Degas, on décide qu'exposer avec le groupe est incompatible avec un envoi au Salon. Cette règle entraîne régulièrement la défection de Renoir*, Cézanne*, Sisley* ou Monet. L'arrivée de nouveaux artistes, comme Gauguin* et Raffaëlli, trouble l'ordre du groupe : « La petite église est devenue une école banale qui ouvre ses portes au premier barbouilleur venu » regrette Monet en 1879. Tandis qu'en 1886, la présence de Seurat et de ses adeptes le fait fuir. Ultime manifestation de groupe : les artistes font cavaliers seuls, ménageant le jeu des galeries privées et parfois le retour au Salon. LM

HIÉRARCHIE DES GENRES
Entre nature morte et tableau d'histoire

Au cours des années 1860, la critique est presque unanime à déplorer la mort de la grande peinture, qu'elle soit d'expression classicisante ou romantique. Le Salon* n'est plus qu'un étalage nauséeux de nus mollement indécents, de portraits sans vie et de paysages sans âme, de froides natures mortes et de scènes de genre malsaines ou moralisantes. La peinture d'histoire, qui parle à l'esprit ou excite l'imagination, se réfugie chez de rares adeptes ; mais hormis Puvis de Chavannes (que méditera Gauguin*), Gustave Moreau et quelques autres, ils sont impuissants à vivifier une tradition obsolète.

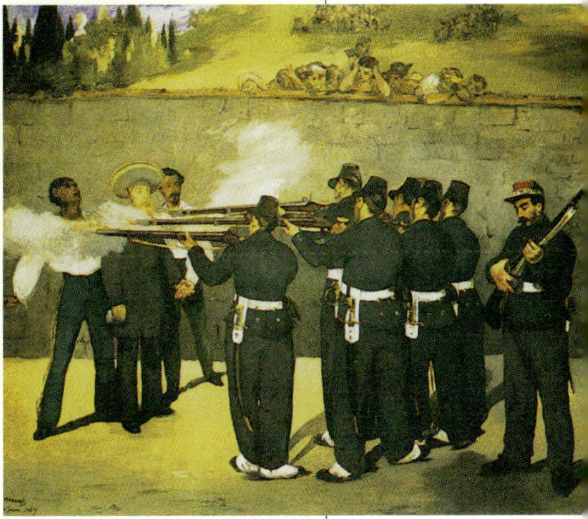

Édouard Manet, *L'Exécution de l'empereur Maximilien*, 1867. H/t 196 × 259,8. Boston, Museum of Fine Arts.

Nonobstant, d'autres critiques, tels Castagnary ou Astruc, dans leur soutien inconditionnel à Courbet* et à la nouvelle* peinture, ont perçu que le renouveau du grand genre passe par l'abolition de la hiérarchie ancienne (formulée sous Louis XIV) et le renouvellement complet de ses catégories constitutives. D'une part, le nu* comme le paysage (voir Peinture de paysage) deviennent le laboratoire de l'esthétique réaliste ; de l'autre, le grand format peut désormais, si les peintres en ont la force et le talent, être investi par les multiples aspects de la vie moderne. Courbet, le premier, s'empare des dimensions du tableau d'histoire sans rien sacrifier à l'idéalisme ou à l'emphase héroïque afférents. À sa suite, Manet*, Monet*, Renoir* ou Caillebotte* sauront rendre vie au grand genre, en inversant radicalement ses principes séculaires. SG

Hippodromes et cavaliers

C'est en 1857 que l'hippodrome de Longchamp est inauguré, témoignant de la vogue nouvelle de ce sport importé d'Angleterre. Situé aux abords du bois de Boulogne, il est rapidement devenu un haut lieu de la vie mondaine. En 1879, Manet* inscrit les courses hippiques dans la liste des sujets, modernes et parisiens, de décors proposés au préfet de la Seine pour le nouvel Hôtel de Ville de Paris. Mais, dès 1864, il s'intéresse à ce sujet que Degas* traite depuis 1862. L'un et l'autre se souviennent des élégants tableaux de chevaux du peintre de Dreux, et surtout du *Derby d'Epsom* de Géricault (que Degas a copié au Louvre*) et de sa puissance héroïque. Les courses ont le double mérite pour les deux

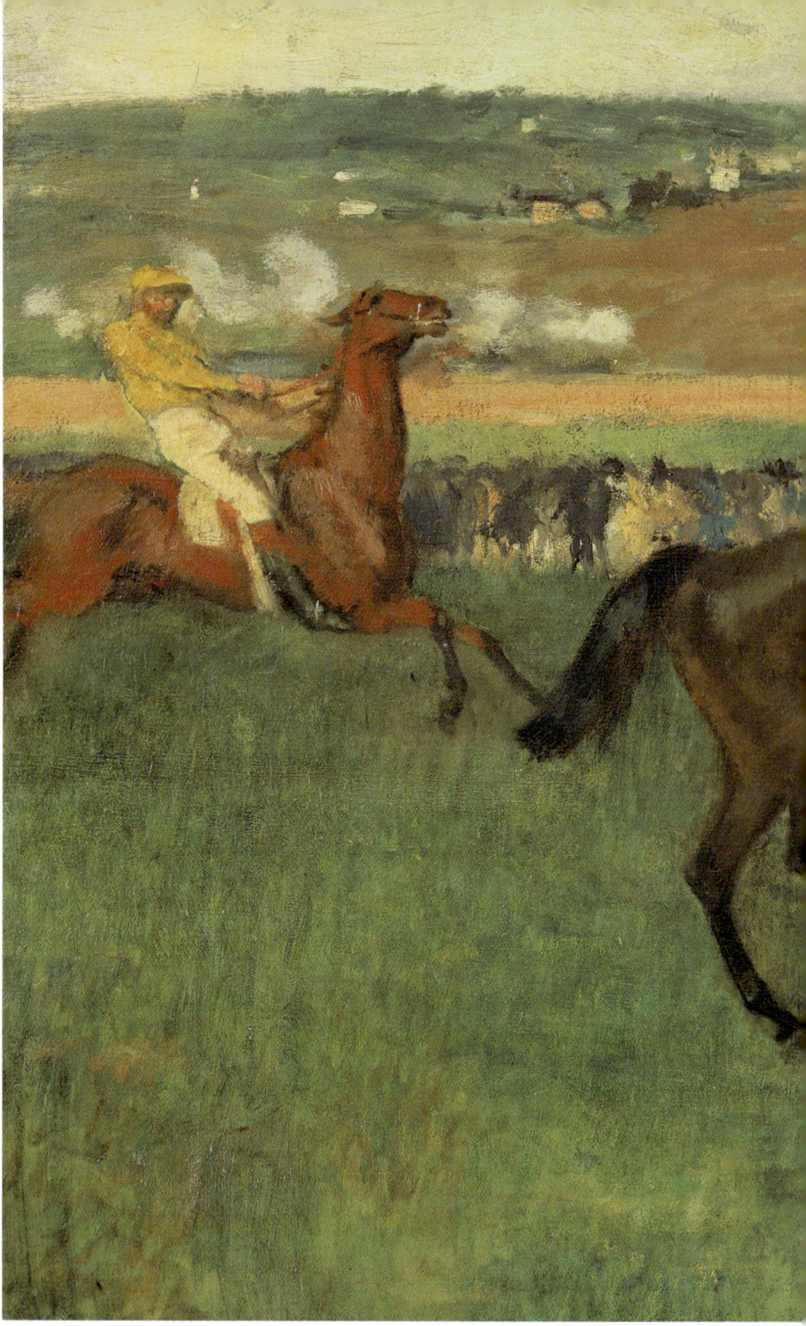

Edgar Degas, *Le Champ de courses, jockeys amateurs*, 1876-1887. H/t 66 × 81. Paris, Orsay.

artistes de montrer la société de leur temps (voir Artistes) et la force d'un combat. Elles constituent sans doute pour Manet l'équivalent parisien des corridas, et pour les deux peintres un vrai sujet d'histoire moderne.

Dans ses premières œuvres, Degas montre à la fois les cavaliers, les spectateurs et les tribunes. Il n'hésite pas à introduire un portrait* (*Aux courses en province*, 1869, Boston) ou un drame (*Scène de steeple-chase*, 1866, Upperville). À

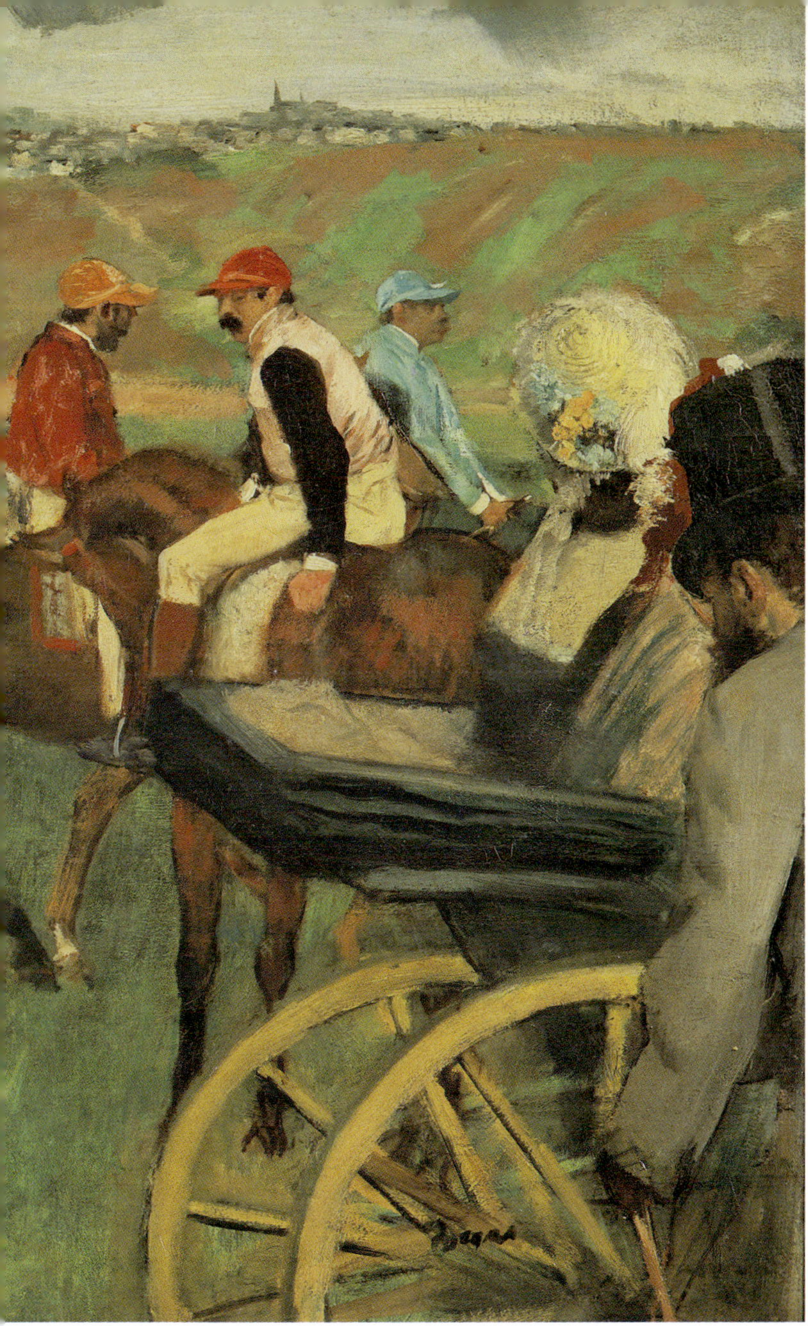

partir des années 1880, il se concentre sur les jockeys et leurs montures. Les chevaux sont saisis généralement avant le départ, au moment de la plus grande tension, quand les adversaires s'évaluent, retenant fermement leurs montures. LM

Hiver

« L'hiver est venu, l'impressionniste peint de la neige. Il voit qu'au soleil les ombres portées sur la neige sont bleues, il peint sans hésiter des ombres bleues. Alors le public rit tout à fait » (Duret*, 1878). Tôt

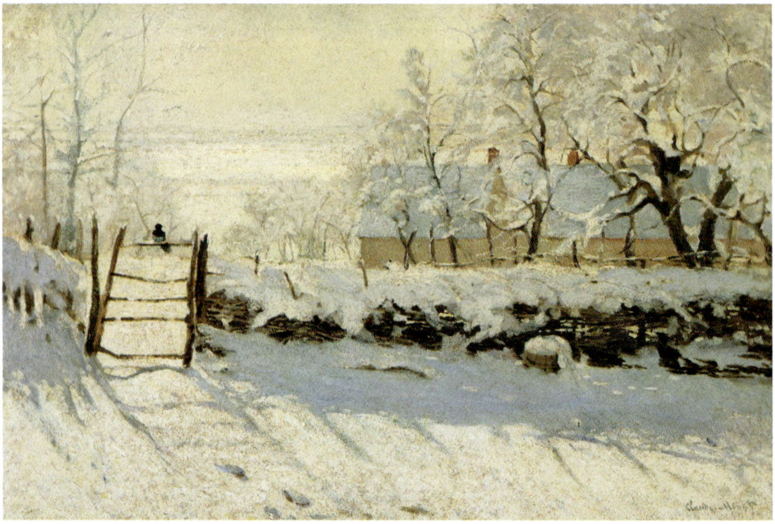

reconnus comme les maîtres de l'instant (voir Instantanéité), les impressionnistes peignent les saisons, les effets du froid, de la neige, de la gelée, de la glace, même s'ils représentent l'envers absolu de leur peinture vouée au soleil et à la vie.
Il y a deux hivers dans leurs tableaux : l'hiver neigeux, joyeux, moelleux et silencieux des premières œuvres de Monet* comme *La Pie* (1869, Orsay) qui concentre dans sa tache noire toute la vie du tableau ; l'hiver glacé, de la gelée et des arbres dénudés qui apparaît dans les paysages campagnards ou citadins de Pissarro* couverts de grattures qui évoquent la morsure du froid. Les tableaux reprennent le même motif, où l'absence de vie annule tout espoir de sujet et confine au « néant moderne » (Mallarmé*). LM

Claude Monet, *La Pie*, 1869. H/t 89 × 130. Paris, Orsay.

Ci-contre : Claude Monet, *Impression, soleil levant*, 1873. H/t 48 × 63. Paris, Marmottan.

Innocence de l'œil

À l'époque de David, on invoquait déjà l'ingénuité d'une perception rafraîchie pour lutter contre la routine académique. Désapprendre pour voir et concevoir à neuf. Zola* a recours au mythe de l'œil vierge pour justifier l'art des novateurs. Zola et les impressionnistes, Proust* après eux, ne parviendront jamais à concilier rigoureusement (et pour cause : voir et savoir sont indissociables) la théorie de l'innocence de l'œil (traduire la sensation immédiate, l'impression même de la rétine) et celle du tempérament (tout tableau reflète la subjectivité de son auteur). À la fois « enfantine » et personnelle, cette vision cautionne toutes les entorses faites à la perspective, au fini traditionnel, à la correction des formes. Retrouver en soi l'enfant inculte, comme le voudra aussi Cézanne*, c'est en fin de compte libérer l'analyse du motif des conventions esthétiques qui le dénaturent. Réapprendre, comme y encourage Baudelaire* en 1863, l'émerveillement face au monde. SG

« L'enfant voit tout en nouveauté ; il est toujours ivre »

Baudelaire, *Le Peintre de la vie moderne*, 1863

IMPRESSION
« Ici, tout est original, le métier, l'impression. » (Zola)

À la valeur positive du mot « impression » qu'observe la critique des années 1860 pour parler de l'œuvre de Boudin* ou de Jongkind (voir Peinture de paysage) va succéder une acception différente après l'ouverture de la première exposition du groupe*. « Ah ! le voilà, le voilà ! s'écria-t-il devant le n° 98. Je le reconnais le favori de papa Vincent ! Que représente cette toile ? Voyez au livret. – *Impression, soleil levant.* – Impression, j'en étais sûr. Je me disais aussi, puisque je suis impressionné, il doit y avoir de l'impression là-dedans… Et quelle liberté, quelle aisance dans la facture ! Le papier peint à l'état embryonnaire est encore plus fait que cette marine-là ! » Ce dialogue est extrait de l'article que Louis Leroy consacre à l'exposition du boulevard des Capucines dans *Le Charivari* du 25 avril 1874.

Le mot « impressionniste », une fois prononcé, est repris par l'ensemble des commentateurs. Il l'est dans un article de Jules Castagnary – l'un des premiers critiques à user dans les années 1860 du mot impression – , dans *Le Siècle* du 29 avril, où le journaliste résume sa pensée : « Ainsi ce qui les sépare essentiellement de leurs prédécesseurs, c'est une question de plus ou de moins dans le fini. L'objet de l'art ne change pas, le moyen de traduction seul est modifié, d'autres diraient altéré. Telle est, en soi, la tentative, toute la tentative des impressionnistes ». Voici comment le seul tableau de Claude Monet, *Soleil levant sur Le Havre*, rebaptisé *Impression, soleil levant* en 1874 pour le distinguer d'autres versions, est à l'origine d'un glissement sémantique adopté comme dénomination unique pour des personnalités aux options esthétiques diverses. DL

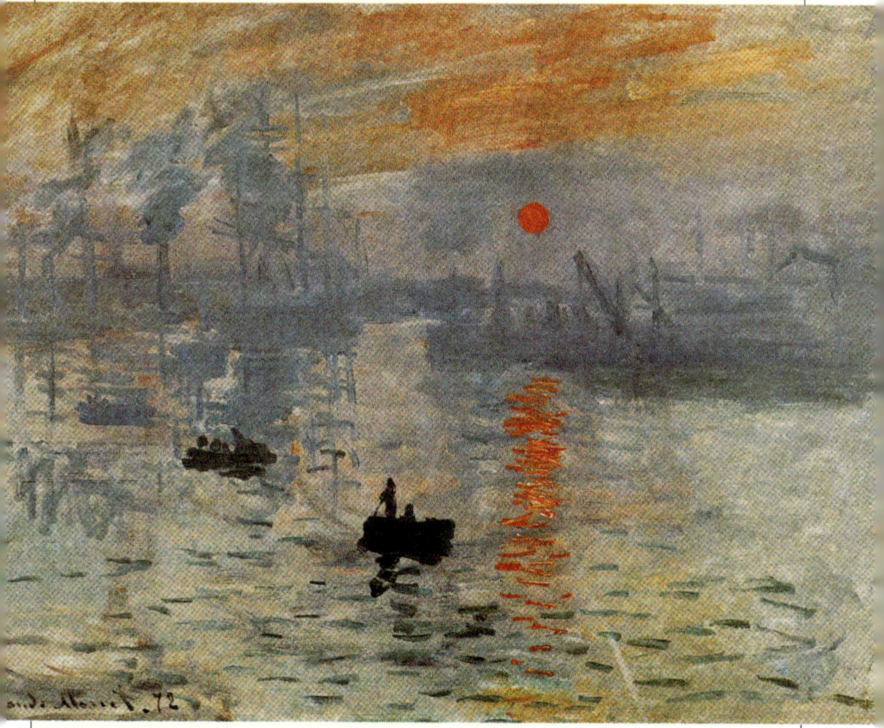

L'INONDATION À PORT-MARLY

Symptomatique du goût grandissant pour la peinture impressionniste, ce tableau connaît une cote croissante jusqu'à son legs au musée du Louvre en 1911. Vendu 150 F l'année de son exécution à un certain Legrand, ce paysage présenté à la deuxième exposition du groupe* impressionniste est vendu plus de 45 000 F au comte Isaac de Camondo l'année qui suivit la mort de l'artiste !

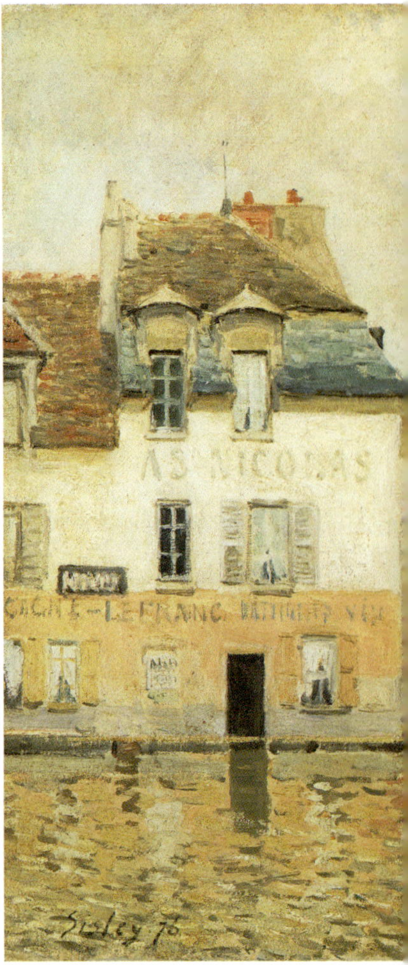

Dès le début des années 1870, Sisley est un habitué des environs de Marly où il s'installe fréquemment pour peindre. En marge de la peinture anecdotique, qui aurait fait de cette représentation un grand spectacle de désolation et d'héroïsme, Sisley* aborde cette composition avec beaucoup d'humilité en fixant un instant critique mais nullement dangereux, puisque la crue semble s'arrêter à la porte de l'estaminet situé à gauche. Son tableau présente selon un échelonnement traditionnel des plans, une sage répartition des volumes délimités par une touche qui décrit précisément les contours. Une telle conception dut paraître à ses confrères fort éloignée des nouveautés que prônait le mouvement. Entre le ciel gris couvert de nuages qui occupe une grande partie de la toile et l'eau*, support mouvant de tous les reflets et de toutes les vibrations de la lumière*, le peintre ne dispose frontalement que quelques éléments. Par sa taille, ses couleurs et ses inscriptions en partie lisibles, la maison à gauche est une référence topographique réaliste. À droite, une série d'arbres répond à l'habitation, tandis que les quelques barques animées des silhouettes sombres et schématiques de plusieurs personnages et les arbres éloignés au centre de la composition conduisent l'œil vers un lointain indistinct où le ciel et l'eau se rejoignent. L'œuvre confirme les dires du peintre : « Le ciel ne peut pas être qu'un fond. Il contribue au contraire, non seulement à donner de la profondeur par ses plans [...] mais aussi du mouvement par sa forme, par son arrangement en rapport avec l'effet ou la composition du tableau ». DL

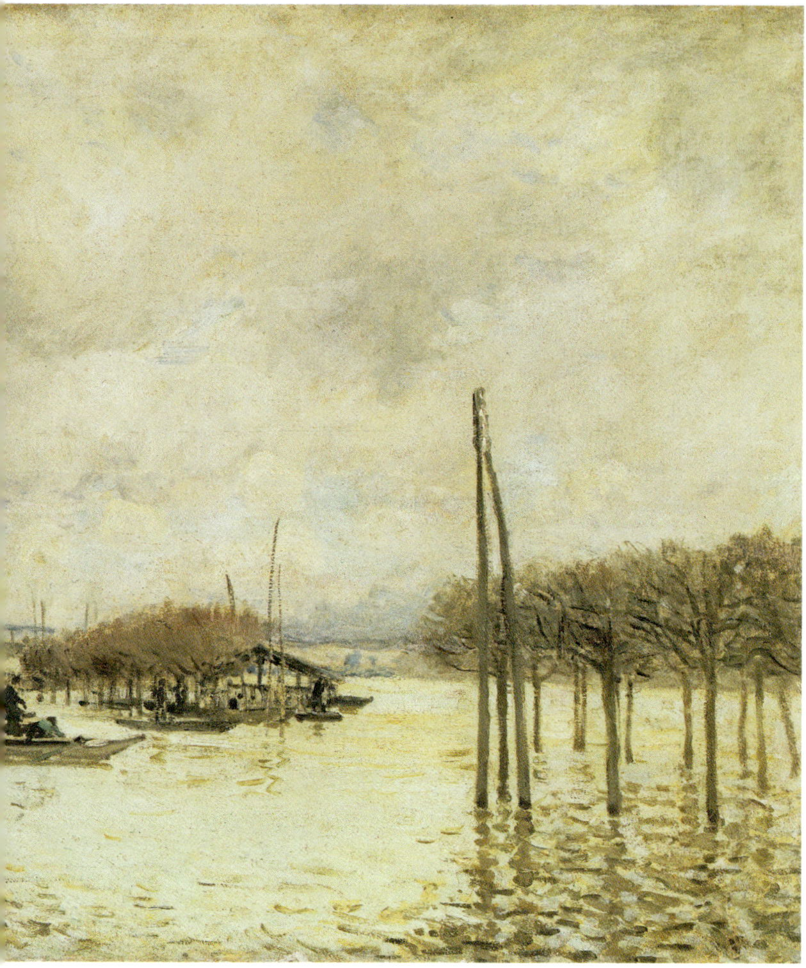

Alfred Sisley
1876. H/t 60 × 81. Paris, Orsay.

Instantanéité

D'après les souvenirs de Lilla Cabot Perry, Monet* estime que « l'effet [en plein air] durait tout juste sept minutes, jusqu'à ce que le soleil quitte une certaine feuille ». Pour la première fois peut-être dans l'histoire de la peinture, le temps d'un effet, et donc d'un tableau est déterminé : sept minutes qui ont, pour le cycle normal d'une journée, valeur d'un instant et justifient la création des séries*.
L'instantanéité, dont parlait d'ailleurs Monet par référence à la photographie*, est une notion nouvelle qui apparaît au XIXe siècle. L'invention de la vitesse, la trépidation de la vie citadine et moderne (voir Rue), la domestication de la nature (voir Jardin), donnent une valeur nouvelle au temps, matérialisée par la photographie*. Dans les années 1860, apparaît aussi l'instantané en photographie qui réduit le temps de pose à néant, permettant ainsi de découvrir le mécanisme du mouvement, d'arrêter celui-ci, et même, grâce à la chronophotographie, de l'arrêter et de le décomposer.
Degas* s'intéresse d'ailleurs beaucoup aux travaux de Muybridge à la fin des années 1880, reprenant alors ses études de chevaux (voir Hippodromes). Les découvertes de Muybridge sur le mouvement rencontrent d'ailleurs les recherches de Degas qui veut, dans ses danseuses* ou ses femmes* à la toilette, fixer un geste, une attitude. Le déséquilibre des modèles de ses compositions, les découpages arbitraires des modèles et des décors dans lesquels ils évoluent, confèrent aux œuvres de Degas l'impression d'instantanéité de certaines photographies. LM

JAPONISME
De la Porte chinoise au Divan japonais

Avec l'expédition du Commodore Perry en 1853, le Japon s'entrouvre à une autre culture. Mais le gouvernement japonais, soucieux de protéger son art de l'ingérence étrangère, privilégie l'exportation des productions locales en n'hésitant pas à les adapter aux goûts européens et américains. L'engouement ne se fait pas attendre et ce pays offre au monde occidental, en participant aux Expositions* universelles après 1862, des objets qui suscitent immédiatement collections et copies.
Au-delà de précoces emprunts directs et limités au répertoire nippon (Whistler*, *Symphonie en blanc n° 2*, 1864,

Jardins

Apôtres de la vie en banlieue et en plein air, les impressionnistes ont cultivé l'art du jardin. Au cours du XIXe siècle, le jardin se démocratise, les almanachs et les guides du bon jardinier se multiplient. Qu'il soit potager,

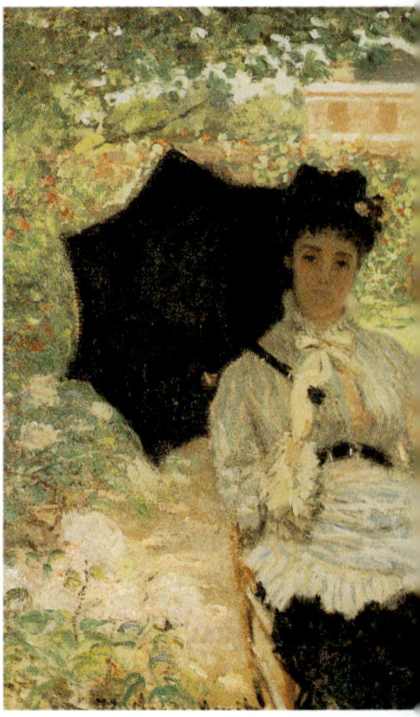

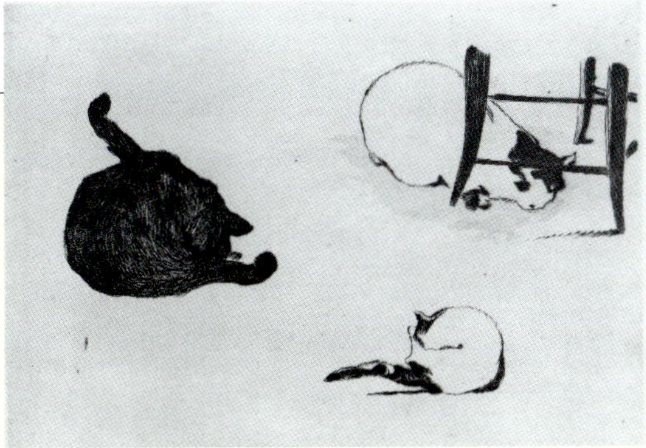

cents Rakan (1829-1833, Giverny) ; et par le rôle croissant de certaines boutiques (la Porte chinoise, puis Bing à Paris) ou cafés (le Divan japonais) et de certains collectionneurs (Cernuschi, Duret). La conception différente de la perspec-

Londres), la peinture après 1860 se trouve confrontée à une remise en cause de ses moyens d'expression. Ce phénomène est amplifié par une meilleure connaissance des estampes japonaises : dans *Terrasse à Sainte-Adresse* (1867, New York), Monet emprunte à Hokusai la composition du *Pavillon de Sazai du temple des cinq* tive centrée et unitaire, propre à l'Occident (voir Espace), les aplats de couleurs* claires, l'asymétrie, le déplacement de la ligne d'horizon, les vues angulaires sont les aspects majeurs de cette influence visible dans les œuvres de nombreux artistes à la fin des années 1880 comme Gauguin* ou Van Gogh. DL

Édouard Manet, *Les Chats*, 1868-1869. Eau-forte 16,5 × 21. Paris, Bibliothèque nationale.

verger ou d'agrément, le jardin est un besoin économique et hygiénique, et l'horticulture, une science.

Si l'on prend l'exemple de Monet*, on se rend compte que chaque résidence où il s'installe possède un jardin qui devient un motif pictural. C'est ainsi que Renoir* représente son ami Monet, devant un chevalet, la palette à la main, dans le petit jardin de sa maison. Il suffit de développer les plantations, varier les fleurs, aménager le terrain, pour avoir toujours à portée de main une source sans cesse renouvelée de motifs – ce que sera Giverny*.

Caillebotte*, qui échange avec Monet des boutures, ne s'intéresse pas seulement aux fleurs et aux orangers de ses parcs. Les allées méticuleuses et rectilignes de son potager deviennent des tableaux aussi rigoureux que les vues de Paris (voir Rue). Le jardin public, « platebande nécessaire du Paris nouveau » (Zola*), intégré dans les remaniements urbanistiques d'Haussmann, attire les citadins et les peintres, tels Manet*, Renoir ou Monet qui découvrent, dans les paysages ordonnés à la française ou à l'anglaise, les nouveaux codes de la vie moderne. LM

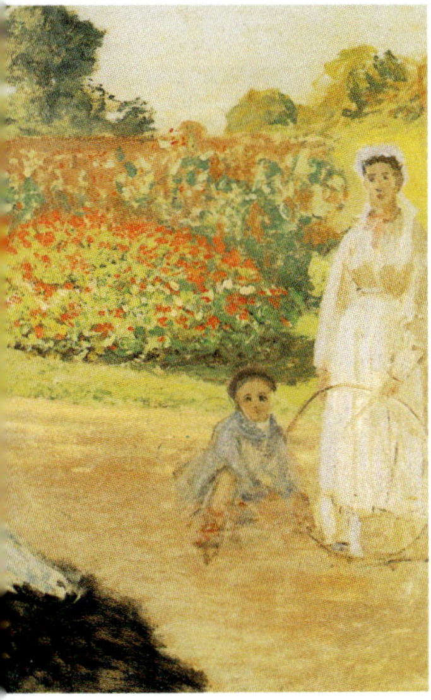

Claude Monet, *Camille au jardin avec Jean et sa bonne*, 1873. H/t 59 × 79,5. Coll. part.

LA LECTURE

Sur les conseils de Degas*, Mary Cassatt* commence à réaliser des gravures (voir Estampe) en 1879. Bénéficiant d'une fortune personnelle, elle se lance immédiatement dans l'utilisation de procédés nouveaux qui sont révélés au public par des expositions chez Durand-Ruel à partir de 1891 et chez son correspondant londonien, le marchand* Dowdeswell. Le catalogue des 255 planches que nous lui connaissons est tiré à un nombre limité d'exemplaires sur des papiers sélectionnés, mais avec d'assez nombreux états d'épreuves.

Ainsi nous disposons de trois états de la pointe sèche qu'elle réalise en 1889, connue sous le titre de *La Lecture*, mais que son auteur a aussi intitulée *The Map* ou *The Lesson.* Il s'agit de l'une des rares planches certainement exécutées en réponse à une commande et publiées le 22 novembre 1890 en couverture du premier numéro de la revue éditée par Durand-Ruel, *L'Art dans les deux mondes*.

Dès sa publication, et contrairement à beaucoup d'œuvres qui ne rencontrèrent ni le succès public ni la reconnaissance au sein du groupe* impressionniste, cette pointe sèche séduit immédiatement nombre de spectateurs. La scène qui donne l'impression de croquer un instant (voir Instantanéité) de parfaite harmonie représente deux jeunes filles absorbées non dans une simple lecture, mais dans une leçon qu'il est nécessaire de retenir et pour laquelle la concentration et l'entraide sont de rigueur. L'organisation de la représentation autour de la courbe qui figure la table, la concentration des noirs et des gris au centre de la composition et autour des deux personnages montrent comment leur auteur sut rapidement dépasser les schémas formels du japonisme* pour tendre vers un nouvel équilibre et des effets synthétiques que l'on retrouve, quelques années plus tard, amplifiés chez son admirateur Gauguin*. L'opposition d'ombres profondément entaillées à la pointe sèche et de lignes juxtaposées où le cuivre est à peine égratigné traduisent cependant encore le goût impressionniste de leur créateur. DL

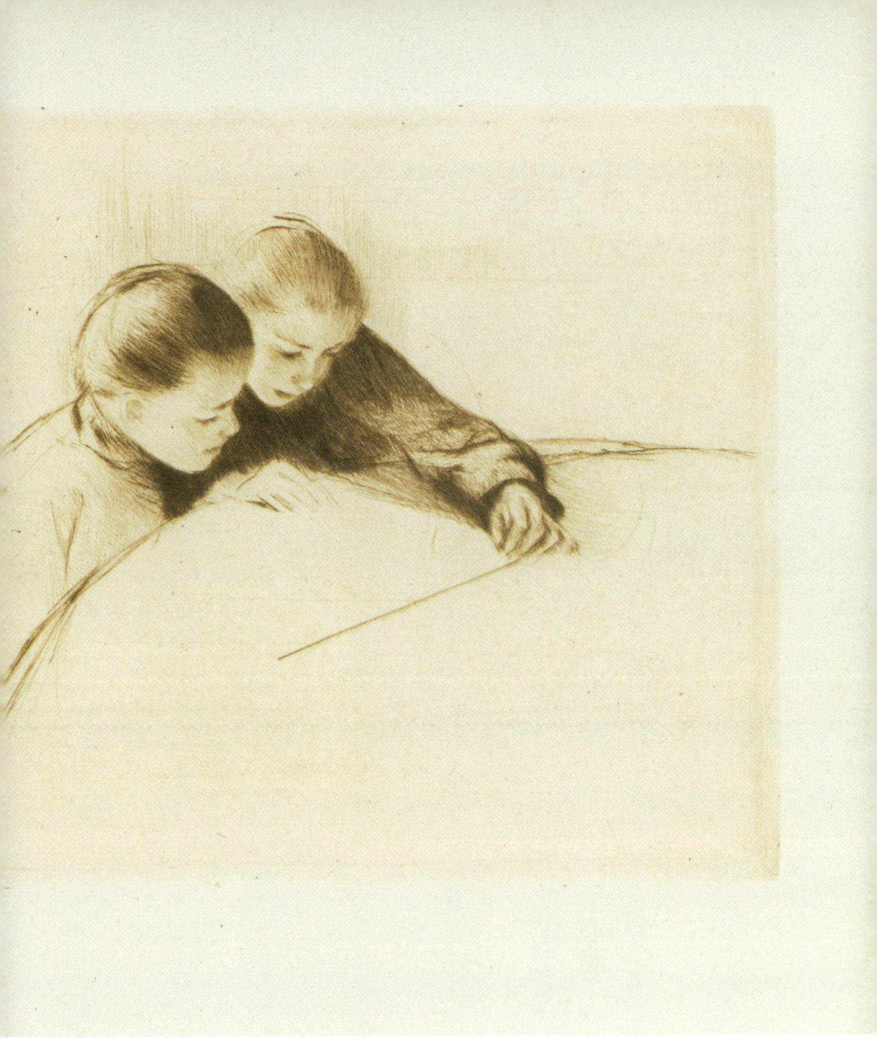

Mary Cassatt
1889. Pointe sèche 15,85 × 23,35.
Paris, Bibliothèque nationale.

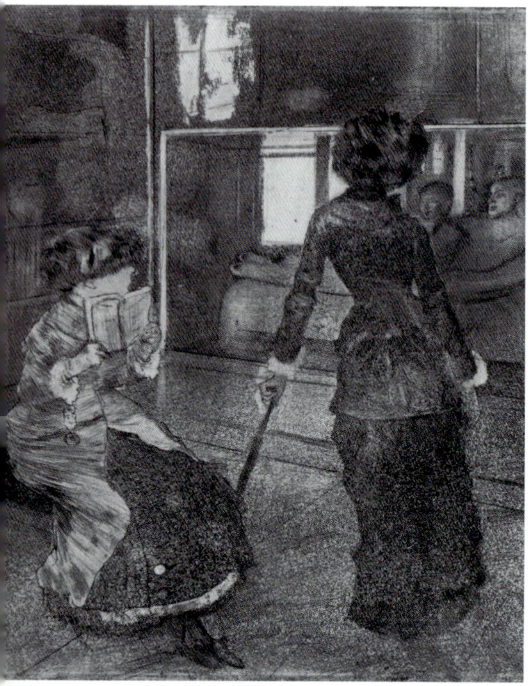

Louvre

De Géricault à Cézanne*, le Louvre est, pour parler comme ce dernier, le meilleur des livres à consulter.
Les futurs impressionnistes n'échappent pas à ce phénomène et se rendent régulièrement au musée. Nous savons que Degas* y copie Holbein, Delacroix, Poussin et les primitifs italiens, que Manet* copie aussi Delacroix tout en s'intéressant à Vélasquez, à Titien, à Tintoret et à Rembrandt et que Cézanne s'inspire de Michel-Ange, de Puget, de Rubens, mais aussi des Vénitiens, de Delacroix, de Poussin, de Chardin, etc.
Le Louvre est surtout le lieu de rencontres, où se resserrent les affinités esthétiques : Manet et Degas, Manet et Berthe Morisot* ou Degas qui a montré Mary Cassatt* copiant dans les salles du Louvre. DL

Edgar Degas, *Mary Cassatt au Louvre*, 1879. Eau-forte et aquatinte 27 × 23,7. Paris, Bibliothèque nationale.

Mallarmé (Stéphane)

« Peindre non la chose, mais l'effet qu'elle produit », cette maxime de Mallarmé éclaire l'attachement que le poète porte aux peintres impressionnistes.
Après avoir profondément admiré et sporadiquement soutenu Manet*, Mallarmé (1842-1898) suit amicalement l'épanouissement des carrières de Monet* « que l'hiver ni l'été sa vision ne leurre », de Renoir* « qui devant une épaule nue broie autre chose que du noir », de Morisot* et de Degas*.
Mallarmé écrit peu sur la peinture mais, en 1876, il publie dans une revue londonienne un article sur « The Impressionnists and Manet ». Pour lui, ce dernier est le chef de file de ce mouvement (voir Groupe) qui s'intéresse avant tout « aux changements subtils et délicats du paysage ».
Il fait de l'impressionnisme (voir Nouvelle peinture) le principal mouvement artistique du moment avec quelques artistes « qui se sont consacrés à illustrer quelque phase ou période du passé » : Puvis de Chavannes ou Moreau. C'est définitivement dans l'impressionnisme que le père du symbolisme, qui dédaignera les peintres symbolistes et leur

Le sujet « étant constitué d'une harmonie de reflets et de lumières variant constamment, ne peut être considéré comme toujours identique d'aspect, il vibre avec le mouvement, la lumière, la vie. »

Mallarmé, «The Impressionnists and Manet »,
Art Monthly Review, 1876

LUMIÈRE
« La lumière [...] doit être représentée [...] par des couleurs » (Cézanne)

Aux obsèques de Monet*, Clemenceau arracha le drap noir qui couvrait le cercueil du peintre : Monet n'aimait pas le noir et l'avait banni de sa peinture. Déjà Delacroix avait décrété que « l'ennemi de toute peinture est le gris. » Le noir et le gris écartés, c'est aussi le clair-obscur qui disparaît.
Par l'étude en plein air (voir Peindre sur le motif), les impressionnistes ont découvert que si la nature a horreur du vide, elle n'aime pas non plus le noir. Même les ombres ne peuvent être noires ou grises : « Voici l'impressionniste en train de peindre sur nature un paysage ; il a devant soi de l'herbe ou des feuilles vertes dont telles parties sont dans le soleil, telles autres dans l'ombre. Dans le vert des régions d'ombre les plus voisines des espaces de lumière, l'œil scrutateur du peintre éprouve une fugitive sensation de rouge. Satisfait d'avoir perçu cette coloration, l'impressionniste s'empresse de poser une touche rouge sur sa toile » (Signac) [voir Chevreul]. Ainsi le passage du clair à l'obscur se fait-il par une multitude de nuances colorées qui introduisent la lumière au plus profond de l'ombre. LM

Claude Monet, *Femmes au jardin* (détail), 1867. Paris, Orsay.

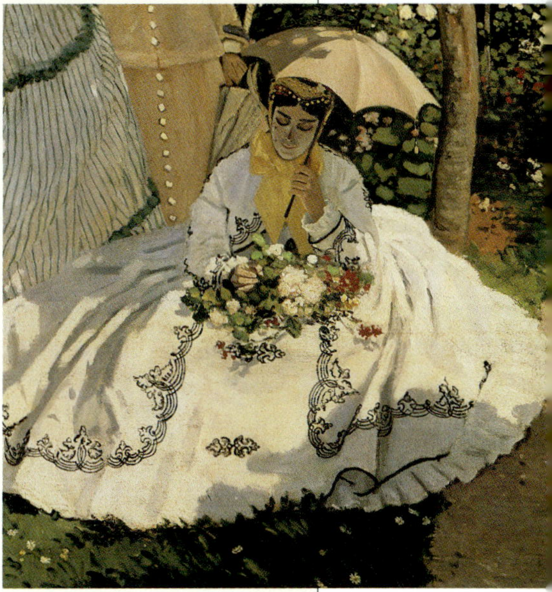

préférera Whistler* ou Vuillard, trouve un écho à ses propres recherches : « Ce que je sauve par le pouvoir de l'impressionnisme, ce n'est pas une tranche de matière, laquelle existe déjà, supérieure à n'importe quelle simple représentation, mais le plaisir d'avoir recréé la nature touche par touche ». LM

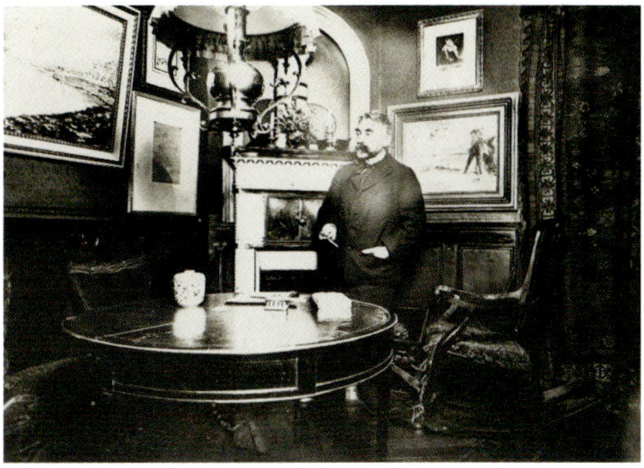

Stéphane Mallarmé.

MANET (ÉDOUARD)
« L'impression d'un fruit sauvage » (Berthe Morisot)

Nous savons peu de chose des deux frères Eugène (1833-1892) et Gustave (1835-1884) Manet, fils d'un haut fonctionnaire du ministère de la Justice et de la fille d'un diplomate. Eugène a été l'époux de Berthe Morisot* (1841-1895) et le père de Julie Manet (1879-1966) dont le journal de jeunesse regorge d'informations sur le milieu impressionniste. L'aîné, Édouard (1832-1883), sent très tôt naître en lui une vocation de peintre, mais devant l'opposition paternelle, il attend 1850 pour s'inscrire dans l'atelier de Thomas Couture* (voir Apprentissage). Parallèlement à cette formation, il voyage en Europe et réalise des copies des maîtres anciens.

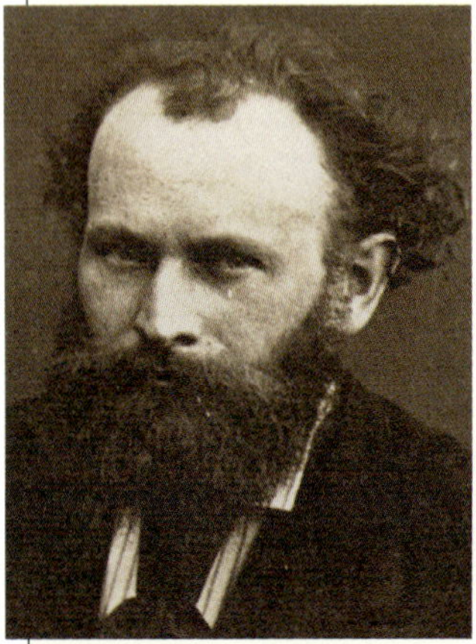

En 1859, son premier tableau adressé au Salon*, *Le Buveur d'absinthe* (1858-1859, Copenhague) est refusé. En 1861, il est admis avec *Le Chanteur espagnol* (1860, New York) qui obtient une mention honorable. Mais ses tableaux des années suivantes font scandale et il se voit exclu des manifestations officielles. Nourri de l'exemple de Courbet*, des Espagnols et de l'estampe* japonaise, son style refuse la nette scission des plans comme celle des demi-teintes qui fait tourner le volume dans la lumière*. La franchise, presque grinçante, de ses compositions n'a d'égal que le mutisme de ses personnages. Le déchaînement des critiques lors de l'exposition du *Déjeuner* sur l'herbe* ou d'*Olympia* (tous deux de 1863 et à Orsay) lui confère un statut singulier et une place prééminente dans le nouveau mouvement (voir Groupe) en cours de constitution.

Bien que ses productions des années 1870 semblent toutes imprégnées des principes impressionnistes (*La Famille Monet au jardin*, 1874, New York), il s'oppose à cette assimilation et refusera toujours d'exposer en marge du Salon qui continue de rejeter une partie de ses œuvres. DL

MARCHANDS ET MARCHÉ DE L'IMPRESSIONNISME
Des stratégies d'avenir

En marge du Salon*, un réseau de commercialisation des œuvres d'art existe déjà à l'état embryonnaire vers 1850, réseau que se partagent quelques galeries et quelques marchands de fournitures pour artistes qui jouent le rôle de dépositaires et de courtiers. C'est toute la diffusion et la valorisation de l'art moderne qui sont ici en jeu.

Spécialisé dans l'art du XVIIIe siècle, le marchand Louis Martinet, dont la galerie est située boulevard des Italiens, n'hésite pas à encourager de jeunes talents : en 1863, Manet* y expose quatre tableaux, *Lola de Valence*, *La Musique aux Tuileries*, *Le Vieux Musicien* et *L'Enfant à l'épée*. Hector Brame, Alfred Cadart ou Pierre-Firmin Martin ont une activité similaire. Julien, dit le Père Tanguy, se distingue de ces derniers ; il ouvre une boutique au 14, puis au 9, rue Clauzel. Son rôle est double puisqu'il accepte des œuvres en échange de fournitures et est le courtier de plusieurs artistes (essentiellement Van Gogh et Cézanne*), dont les tableaux sont estimés autour de 200 F. À partir des années 1870, deux figures vont

Maupassant (Guy de)

Le milieu de la peinture ne cesse de croiser les romans et les nouvelles de Guy de Maupassant (1850-1893), l'un des plus importants représentants du naturalisme en littérature. Les peintres impressionnistes croisent également sa vie : Monet* sur les côtes de leur Normandie natale (voir Côtes de la Manche) ou dans quelques dîners parisiens ; Renoir* sur les bords de la Seine ; Degas* dans les salons parisiens.

Ses thèmes de prédilection rejoignent ceux des peintres : maisons closes (voir Prostitution), parties de canotage (voir Parties de campagne), mœurs contemporaines dans tous leurs aspects à la ville comme à la campagne.

Pourtant, Maupassant n'est pas un défenseur de ce mouvement : la seule critique d'art qu'il publie est consacrée au Salon* de 1886 et non à la dernière exposition du groupe*. Ses relations avec des artistes comme Gervex, tout comme ses romans, révèlent qu'il considère simplement tous les peintres comme des acteurs de la vie moderne, au même titre que les journalistes, les médecins ou les hommes politiques. LM

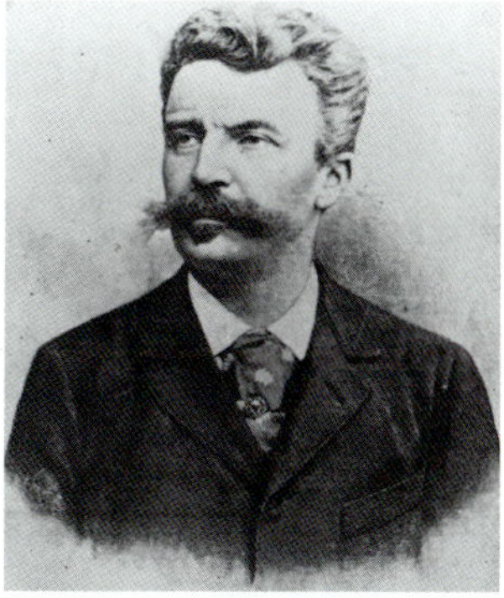

Guy de Maupassant.

Ci-contre : Édouard Manet photographié par Félix Nadar, vers 1863-1864. Paris, Bibliothèque nationale.

Monet (Claude)

Durant toute sa longue carrière, Monet (1840-1926) s'est consacré à rendre sensibles les effets de la lumière* en plein air et apparaît en cela comme le représentant absolu de la peinture impressionniste (voir Nouvelle peinture), qui sait allier et renouveler sujet et traitement au travers d'une production abondante. La présence de Boudin* auprès de l'artiste débutant

dominer le commerce de l'art contemporain : Georges Petit, installé au 12, rue Godot-de-Mauroy, et Paul Durand-Ruel, dont la galerie est au 16, rue Laffitte, non loin de l'endroit où s'installera Vollard.

Grâce au soutien des banques et à des pratiques commerciales modernes, ils développent la présentation d'expositions monographiques ou de groupe, dont la mémorable exposition Monet-Rodin ouverte le 21 juin 1889 à la galerie Petit où sont présentées 145 peintures de Monet. Les livres de stock de ces marchands révèlent comment certains peintres (Monet, Renoir*), dont les œuvres sont vendues 200 ou 300 F en 1874-1875, trouvent preneur vingt ans après à 2 000 ou 3 000 F.

La création d'une demande étrangère et l'exportation des œuvres impressionnistes vers les marchés européens et américains sont dues en grande partie à Paul Durand-Ruel qui sait utiliser habilement les moyens de la critique, organiser des expositions, se lier à d'autres galeries ou ouvrir ses propres locaux à Berlin, Bruxelles, Londres ou New York. Les œuvres impressionnistes ne cesseront de prendre de la valeur jusqu'à aujourd'hui. DL

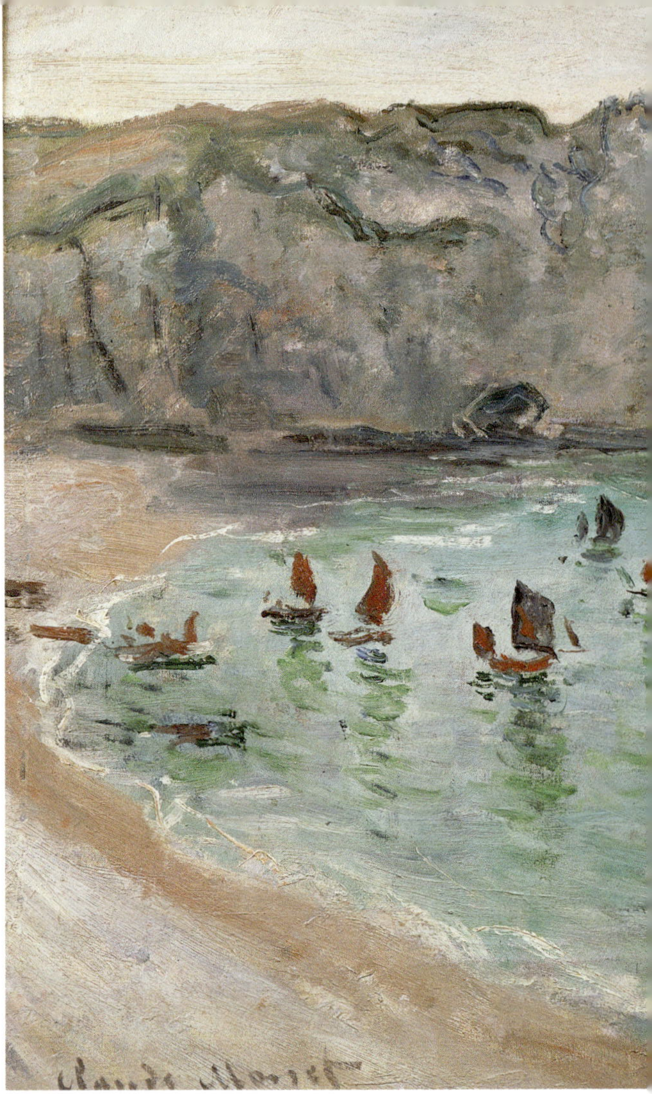

Claude Monet,
Étretat, la porte d'Aval : bateaux de pêche sortant du port.
H/t 60 × 81.
Dijon, musée des Beaux-Arts.

au Havre vers 1856, puis la fréquentation des élèves de l'atelier Gleyre (voir Apprentissage) et de l'académie Suisse à Paris vers 1863-1864 lui permettent de dépasser l'influence de ses aînés, Courbet* ou Manet*, et de s'attacher d'une manière très personnelle au rendu de l'atmosphère et de la lumière.

En 1865, deux de ses marines sont acceptées au Salon*. L'année suivante, il obtient un succès auprès du public et de la critique avec *Camille (La Femme à la robe verte)* [Brême], portrait* de Camille Doncieux, sa future épouse. Après cette date, Monet ne peint pratiquement plus que des paysages (voir Peinture de paysage), refusés régulièrement par le jury du Salon – comme son premier tableau réalisé en plein air *Femmes au jardin* (1866-1867, Orsay, voir ill. p. 58). Ses maîtres et ses amis peintres lui viennent alors en aide et lui permettent de poursuivre des recherches qui portent sur la fragmentation de la touche et l'utilisation des couleurs* pures (*La Grenouillère*, 1863, New York).

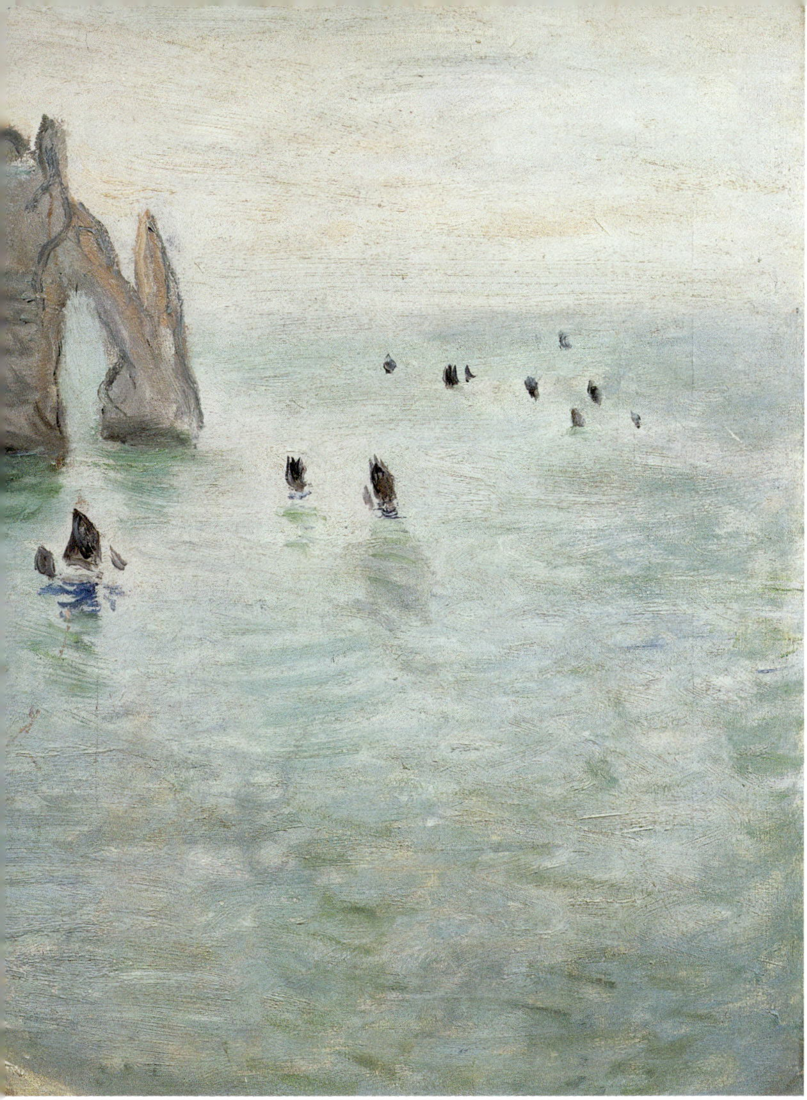

Fuyant la guerre en 1870, Monet se réfugie en Angleterre* d'où il rapportera un certain nombre de vues et surtout une technique toute imprégnée de l'œuvre de Turner (*Impression, soleil levant*, 1873, Marmottan) et de Whistler*. Quelques années plus tard, il est à Venise* qui lui inspire des effets lumineux sur l'eau* dans une palette qui ira en s'éclaircissant (*L'Église de Vétheuil, neige*, 1879, Orsay), y compris dans ses vues urbaines (*La Rue* Montorgueil, fête du 30 juin 1878*, 1878, Orsay). Une touche frémissante et une couleur intense caractérisent dès lors les œuvres où il cherche à recréer les effets atmosphériques les plus éphémères (voir Instantanéité), n'hésitant pas à travailler ses sujets par séries* à partir de 1890. Monet terminera son existence à Giverny*, dont le jardin* lui inspire de multiples versions des nymphéas*, qu'il traite d'une touche vive, saturant la toile de couleurs lumineuses. DL

Morisot (Berthe). Voir Femmes peintres

MOULIN DE LA GALETTE

La guerre franco-allemande, l'occupation prussienne et la Commune terminées, les Parisiens se jettent avec ardeur dans le tourbillon des fêtes retrouvées. Le quartier de Montmartre, que les transformations haussmanniennes n'ont guère affecté, est l'un des endroits privilégiés de ces réjouissances populaires. Le bal en plein air installé au pied du Moulin de la Galette est alors l'un des plus fameux lieux de divertissement de la capitale. Renoir*, désireux de réaliser une toile importante en 1875, choisit pour sujet cette fête, exemple parfait de la vie moderne. Fixant à jamais un instant de ce bal (voir Instantanéité), la composition s'organise autour d'une spirale, dont la base se situe au premier plan à droite et se développe au long de la diagonale du tableau vers le fond à gauche, en un mouvement tournoyant. Basée sur l'emploi de fines touches juxtaposées où le soleil, qui perce les frondaisons, joue un rôle majeur dans les reflets lumineux (voir Lumière) et les ombres colorées, la technique permet au peintre de présenter l'état d'avancement de ses recherches picturales. Afin de préparer cette toile de grandes dimensions, Renoir loue durant plus d'un an une petite maison avec un jardin au 12, rue Cortot, où l'exécution de sa toile est précédée de nombreux travaux préparatoires et de deux esquisses conservées à Copenhague et à New York. Le critique d'art, Georges Rivière*, raconte dans ses souvenirs, *Renoir et ses amis*, comment les amis de Renoir apportent régulièrement les esquisses de la rue Cortot au bal du

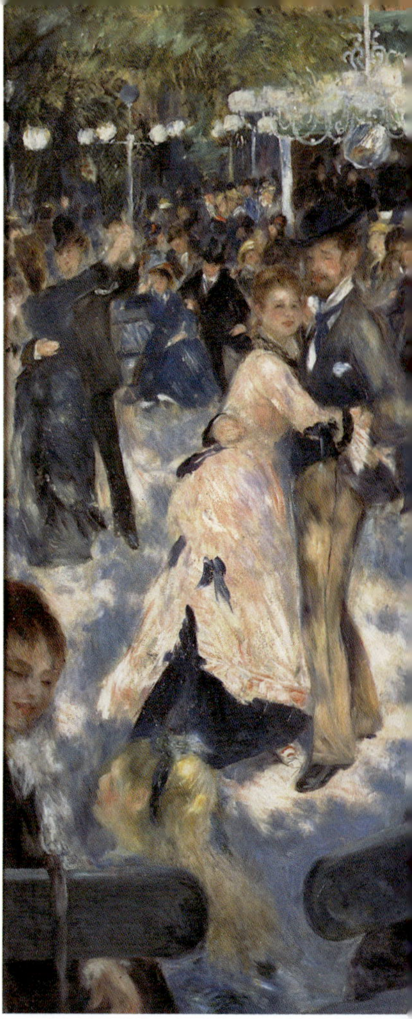

Moulin de la Galette, et comment, pour la version définitive qu'il est impossible de déplacer, les amis du peintre – dont Gervex – posent dans le jardin de la rue Cortot.

Présentée à la troisième exposition du groupe* en 1877, cette toile reçoit un accueil critique plutôt favorable qui se confirme lors de l'exposition Renoir à la galerie Durand-Ruel en 1883 (voir Marchands). Le tableau, acquis par Gustave Caillebotte*, est exposé au musée du Luxembourg dès 1896, et Gustave Geffroy*, commentant sa présentation dans *Le Journal* du 16 février 1897, le considère comme le chef-d'œuvre de l'artiste. DL

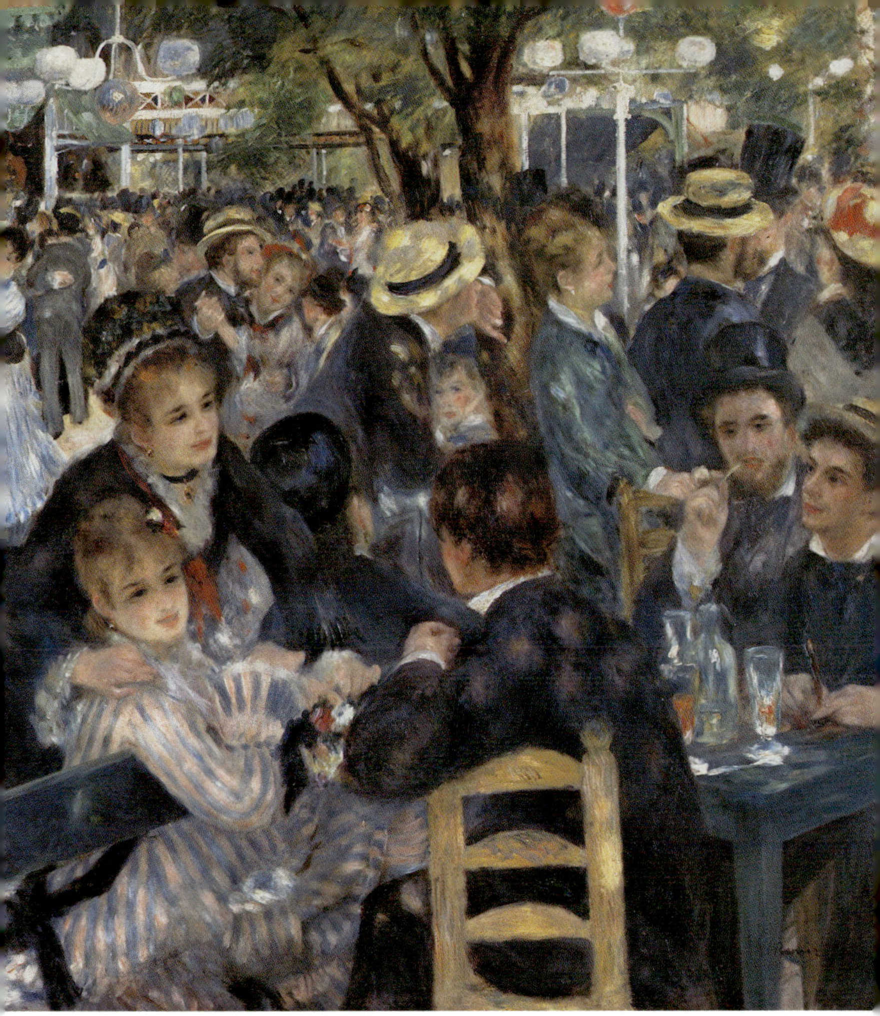

Bal au Moulin de la Galette
Auguste Renoir
1876. H/t 131 × 175. Paris, Orsay.

« M. Renoir a fait son tableau pendant le bal de jour, c'est-à-dire lorsque les fillettes échappées du logis maternel viennent en cachette danser une polka ou montrer leur robe d'été. »

Georges Rivière,
L'Impressionniste, journal d'art, 1877

Musique et peinture

Le milieu de la peinture impressionniste fut intimement lié au monde musical de la fin du XIXe siècle. Ces relations s'établissent d'abord sur un mode personnel, du fait des goûts de Manet* qui s'intéresse très tôt à la musique d'Emmanuel Chabrier (1841-1894) et à son caractère chaleureux. Ce dernier rompt enfin avec les traditions académiques et privilégie une musique dynamique où il explore un nouveau langage harmonique (*Pièces pittoresques*, 1881). En outre, Chabrier collectionne la peinture impressionniste.

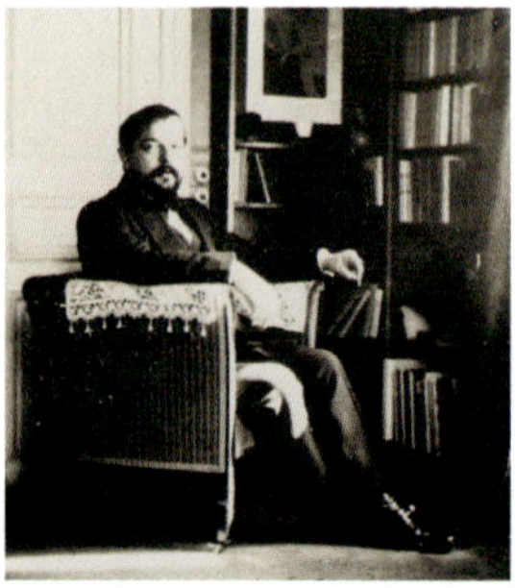

Claude Debussy, 1910.

Ces liens sont particulièrement patents chez Claude Debussy (1862-1918), dont on a souvent mis les compositions en rapport avec le monde mouvant de Monet*. Trente ans après la manifestation initiale du groupe*, la première des *Images* pour piano, *Reflets dans l'eau** (1905), s'apparente aux effets lumineux et aquatiques que continuait de poursuivre le peintre.

Cependant, cette proximité momentanée ne permet pas d'affirmer qu'un mouvement musical, proprement impressionniste, soit apparu.

Souvent, Debussy a côtoyé l'impressionnisme à travers le titre de ses œuvres plus que par la matière harmonique à laquelle il recourt (*Le Vent dans la plaine*, *Brouillards* et *Feuilles mortes*). Mais comment ne pas penser à Whistler* – dont il appréciait les marines – en écoutant certaines de ses pièces ? DL

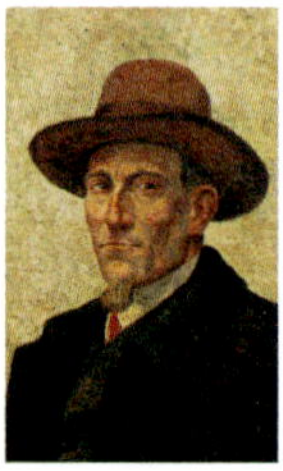

Maximilien Luce, *Félix Fénéon* (détail). Nevers, Musée municipal.

Néo et post-impressionnisme

Dès 1886, l'année de la dernière exposition du groupe*, plusieurs changements s'amorcent. Une salle entière de la huitième exposition du groupe est réservée à Seurat et à ses émules néo-impressionnistes. L'« impressionnisme romantique et naturaliste » est supplanté par l'« impressionnisme scientifique » qui repose sur la théorie de la division des couleurs (voir Chevreul). Ce nouveau mouvement est salué par le critique Félix Fénéon. Cette année 1886 voit aussi l'arrivée de Van Gogh à Paris, où il découvre la couleur des impressionnistes. En juillet de la même année, Gauguin part à Pont-Aven pour un premier séjour. Tournant peu à peu le dos à l'impressionnisme qu'il trouve « bas de plafond », il y découvre bientôt « le sauvage, le primitif » qu'il cherche en peinture, élaborant avec le jeune Émile Bernard, rencontré en 1888, le cloisonnisme. Tous doivent à l'impressionnisme la rupture avec les institutions académiques, la modernité des sujets, la libération de la couleur. Mais tous proposent une reconstruction de la peinture trop dissolue dans ses formes, trop romantique dans ses effets. LM

Nouveau Paris

À l'avènement de Napoléon III, Paris n'est soumis à aucune règle urbanistique et la population s'accroît dans une ville à l'extension anarchique, sans souci de salubrité. Pour ces raisons, mais aussi pour pallier les émeutes que la capitale a connues depuis le début du siècle, le gouvernement charge Georges Haussmann de donner à la ville une nouvelle configuration. À cet effet, il est nommé préfet de la Seine en 1853 et, jusqu'en 1869, s'occupe des travaux d'embellissement et d'assainissement de Paris avec l'aide de nombreux architectes et ingénieurs, dont Jacques-Ignace Hittorff à qui l'on doit la gare du Nord ou l'aménagement de la place de l'Étoile, et Jean-Charles Alphand chargé des grands aménagements parisiens : bois de Boulogne, de Vincennes, parc Monceau et certaines des plus grandes avenues. La démolition de quartiers entiers permet la création de grandes artères rectilignes, de gares, de plusieurs parcs et d'un système d'égouts et d'approvisionnement en eau, assurant la salubrité et la sécurité des nouveaux quartiers, tandis que la population ouvrière, jugée dangereuse, se trouve rejetée vers les banlieues. Cette transformation rapide de la ville ne séduit pas d'emblée les peintres soucieux de modernité. Ainsi Monet*, lorsqu'il représente *Saint-Germain-l'Auxerrois* (1866, Berlin), évite d'y inclure les constructions récentes d'Hittorff ou de Théodore Ballu. Après 1870, en revanche, le Paris nouveau devient un thème courant, mais seulement pour Monet et Caillebotte*, leurs confrères restent désemparés devant ce spectacle jugé inesthétique. DL

NOUVELLE ATHÈNES (LA) : un café d'artistes

La Nouvelle Athènes, qui est à la fois un café et un restaurant, fait l'angle de la rue Frochot et de la rue Pigalle. Son décor peint est l'œuvre d'un peintre montmartrois, dont le caricaturiste Willette moquait la petite taille, aussi ne sait-on plus aujourd'hui si le nom de Petit, donné à cet artiste, correspond à son vrai patronyme ou à un surnom.

Marcellin Desboutin est le premier à abandonner le café Guerbois, avenue de Clichy, qui a connu en 1873 les discussions fondatrices de la Société anonyme coopérative, pour ce nouvel endroit et son proche voisin, Le Rat mort, où il semble que Manet* peignit *La Prune* (1878, Washington). À sa suite, y viennent Degas*, Forain, Monet et l'écrivain irlandais George Moore qui le prennent comme décor dans plusieurs de leurs œuvres. Ainsi à *L'Absinthe* (ou *Dans un café*, 1876, Orsay) de Degas, qui est aussi le double portrait de Desboutin et de l'actrice Ellen Andrée, reste attaché le souvenir de ce café. Les artistes sont de plus en plus nombreux, bientôt rejoints par les journalistes et les critiques. Vers 1878, La Nouvelle Athènes devient le lieu d'élection de Paul Alexis, de Philippe Burty, de Duranty (voir Nouvelle peinture), des frères Goncourt. Dès 1880, l'arrivée de Willette et des rapins montmartrois modifie la physionomie de l'établissement qui perdure jusque vers 1905, sans retrouver le lustre et l'ambiance que lui avait donnés la présence des membres du groupe* impressionniste et de leurs défenseurs. En 1890, ce café est le lieu d'une rencontre importante puisque Ravel y fait la connaissance de Satie « son précurseur maladroit et génial ». DL

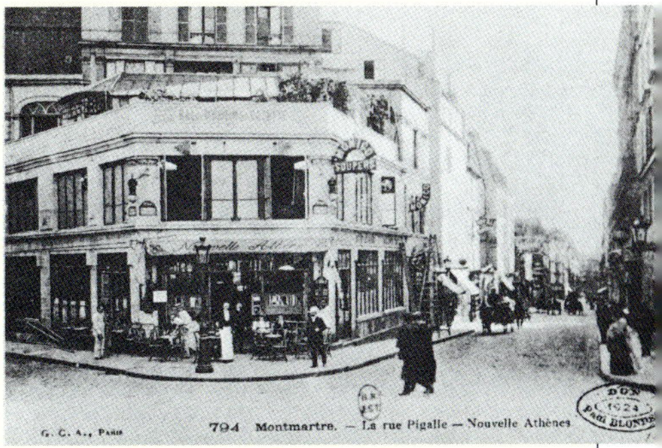

Le café La Nouvelle Athènes à Montmartre, 1906.

NOUVELLE PEINTURE OU IMPRESSIONNISME ? Le clan Duranty et les autres

Le titre de l'essai publié par le critique Duranty en 1876, à l'occasion de la deuxième exposition du groupe* chez Durand-Ruel (voir Marchands), offre a priori une formulation plus satisfaisante que le mot « impressionnisme ». Le mot « impressionnisme » n'est pas cité une fois dans le texte de Duranty, comme si, en l'occultant, il cherchait à nier la dénomination sarcastique suscitée par un seul tableau, celui de Monet*, *Impression, soleil levant.* Ensuite et surtout, parler de nouvelle peinture permet de rendre compte des différentes tendances stylistiques, naturalistes ou réalistes, du groupe, car comment associer, sous une même étiquette, un paysage de Monet ou une danseuse* de Degas*. Il rend également justice à ces peintres qui apportent du neuf dans la peinture, en rendant compte de tout ce que leur temps a de précisément nouveau : nouveaux loisirs, nouvelles rues*, nouveaux jardins*, nouvelle ville, nouvelles mœurs... Enfin, il propose un programme à ce groupe, qui ne peut prétendre à former une école sans projet déclaré : peindre tout ce que le monde citadin offre de nouveau, dans ses rites, ses mœurs, et son rythme même. Malgré tout ce que cet essai a de satisfaisant dans la formulation exacte des différents styles des peintres qui exposent chez Durand-Ruel, le concept de « nouvelle peinture » ne peut valoir en lieu et place le terme « impressionnisme ». D'abord, Duranty est trop fortement inspiré par les idées de Degas et l'exemple de Caillebotte*. Les paysagistes (voir Peinture de paysage) ne s'inscrivent que difficilement dans cette voie. Et l'on comprend que Monet* et Renoir* aient accueilli avec réserve son ouvrage. De plus, en justifiant la démarche moderniste de Degas ou de Caillebotte, et en leur proposant de nouveaux sujets, Duranty agit avant tout en écrivain, non en peintre. Son propos ne peut qu'être dépassé par les artistes, tout entiers à leur art. Ainsi, malgré la diversité des sujets à peindre, Degas revient toujours à ses danseuses*, à ses chevaux ou à ses femmes* à la toilette. Le terme de « nouvelle peinture » a néanmoins ceci de pertinent qu'il invite à regarder la peinture des impressionnistes et non à considérer leur seule légende. LM

Nu

Peintres de la femme, Courbet* et Manet* ont ouvert la voie ; Renoir*, Bazille*, Degas* et Caillebotte* poursuivent l'aventure. Tous tentent de démontrer, que, contrairement à ce qu'affirme Charles Blanc, le nu n'est pas seulement l'affaire du dessin, mais aussi de la couleur*.

Ainsi Renoir dans son *Torse de femme au soleil* (voir ill. p. 42) fait jouer le reflet des rayons de soleil sur la peau de son modèle, provoquant le scandale d'un critique qui ne voit dans le résultat qu'un « cadavre en décomposition ». Mais le nu est aussi une affaire de sujet. Oubliés les prétextes mythologiques, les Vénus, les nymphes, les impressionnistes représentent le « nu moderne » surtout des baigneurs ou des baigneuses, sortant d'une rivière ou d'un tub. Fini les poses inspirées de l'antique, les modèles se plient, s'étirent, se frottent avec des serviettes (voir Femmes à la toilette), rejetant tout idée d'idéalisme.

Cependant, Renoir, avec ses baigneuses renoue avec l'esprit de la mythologie antique, tandis que les baigneurs et baigneuses de Cézanne* retrouvent la grandeur classique et éternelle du nu. LM

Nymphéas

En 1893, Monet* achète un terrain près de sa maison de Giverny*, de l'autre côté du chemin, dans l'intention d'en faire un jardin* d'eau, « pour le plaisir des yeux » et pour « les motifs à peindre », grâce au détournement de l'Epte. Quelques mois plus tard, une étendue de 1 000 mètres carrés d'eau envahit le champ, et les plantations commencent.

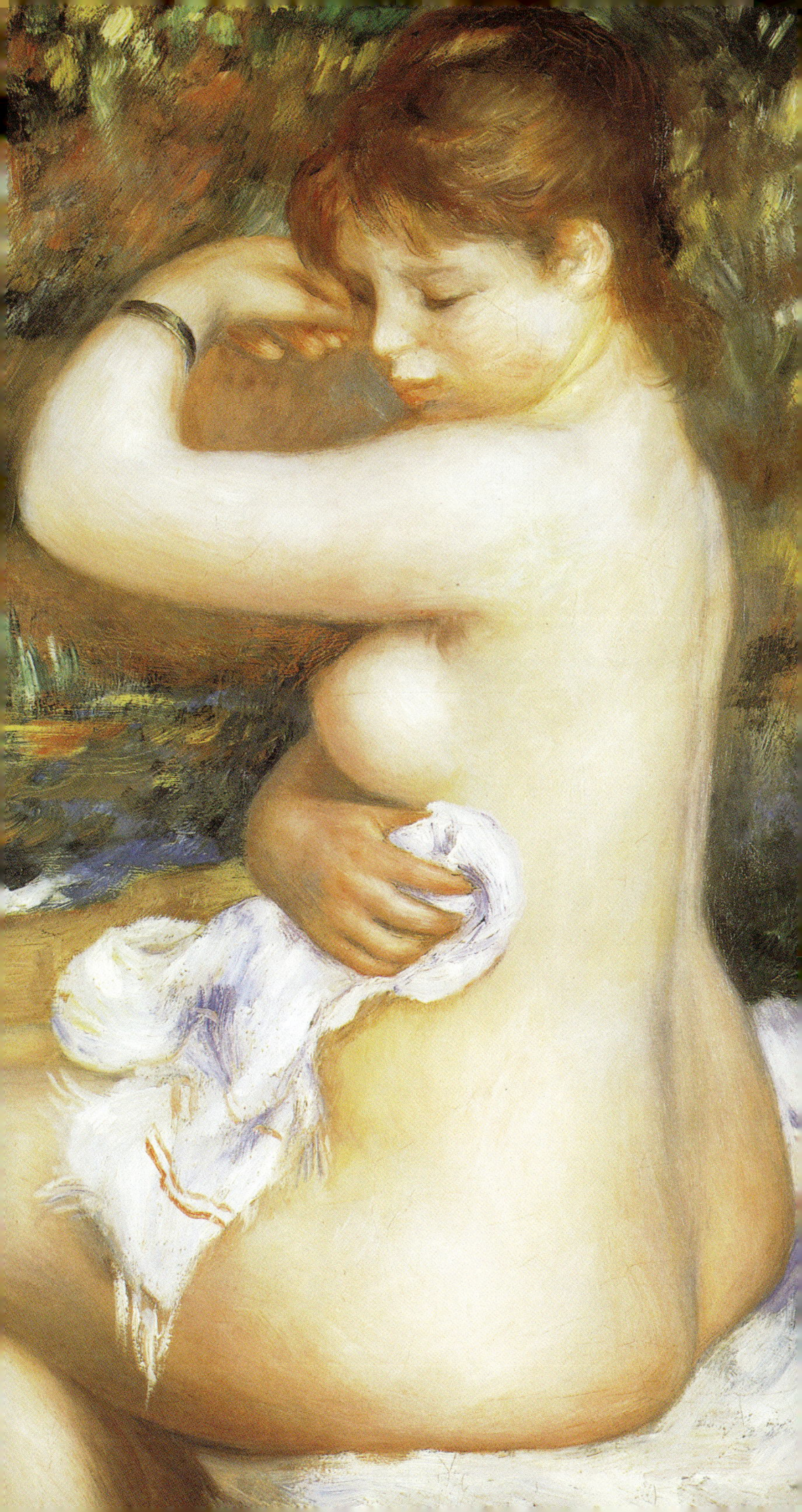

Page précédente : Pierre-Auguste Renoir, *Baigneuse* (détail), 1888. H/t. Coll. part.

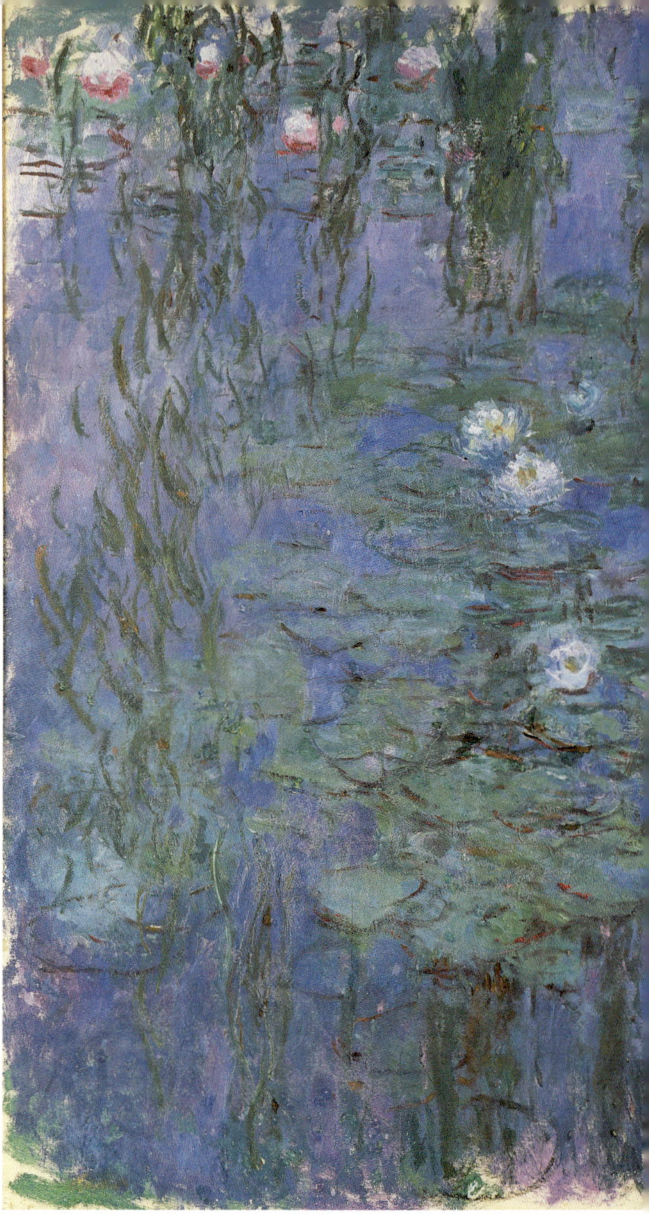

Claude Monet, *Nymphéas bleus.* H/t 200 × 200. Paris, Orsay.

Plantes traditionnelles, plantes exotiques, le bassin ménage la rencontre entre l'Occident et l'Orient. À l'extrémité de l'étang envahi de nénuphars blancs, un pont « à l'air japonais » enjambant la rivière clôt le paysage.
En 1899, une exposition chez Paul Durand-Ruel (voir Marchands) révèle au public les premiers tableaux de nymphéas. Pendant vingt-sept ans, il explore les infimes variations de son bassin et de sa végétation, où les impressions venues de la nature le conduisent vers la symbolique panthéiste du cycle.
La série* des nymphéas est l'ultime et la plus profonde expression du japonisme* de Monet, qui s'inspire dans sa relation à la nature du mode de vie du Japon. Les toiles des nymphéas renvoient d'ailleurs

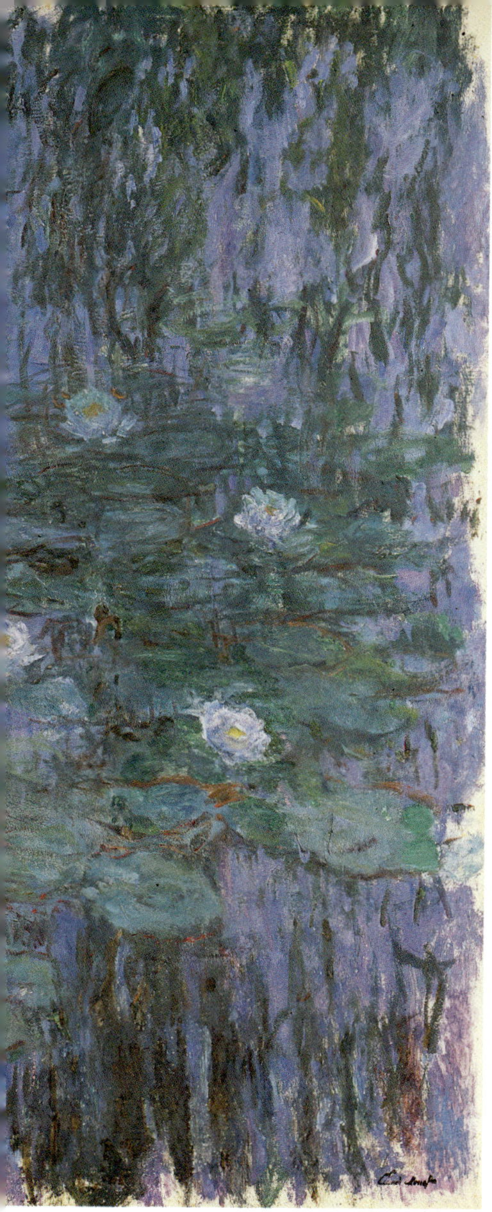

aux décors peints des palais japonais, dont les portes ouvertes sur les jardins créent d'autres œuvres frémissantes de vie. Cependant dans les ultimes tableaux de Monet, le nénuphar glorifie également la beauté des paysages français, à l'heure où l'impressionnisme devient un mouvement international. En léguant ses dernières toiles à l'État, par l'intermédiaire de Clemenceau et pour fêter l'armistice (musée de l'Orangerie), il témoigne de la filiation de son art avec l'histoire de l'art français. LM

Opéra et cafés-concerts

À partir de 1870, Degas regarde les danseuses* évoluer, depuis les fauteuils d'abonnés situés derrière la fosse d'orchestre, où la projection des feux de la rampe est la plus vive. Un peu plus tard, Degas observe le spectacle des coulisses et donne de plus en plus d'importance aux danseuses qu'il imagine ou traque dans les salles de répétition. L'Opéra est le lieu de la magie du spectacle qui réinvente des histoires et des mythes, mais dans lequel Degas recherche les traces d'un travail, d'une vie moderne masquée par les artifices.

La modernité est encore plus crûment traquée dans les représentations de café-concert. Le café-concert des Ambassadeurs, celui que fréquente plus particulièrement Degas, se trouve dans les jardins des Champs-Élysées, en plein air. Il a été ouvert dans les années 1840, au début de la vogue de ces établissements, qui fleuriront dans le Paris du second Empire. Les gravures rehaussées de pastel montrent l'opposition entre la scène et la salle, l'opposition entre la pâle lumière* des étoiles et de la lune, et l'éclairage au gaz qui éclaire violemment le visage fardé des chanteuses, choc visuel accentué par la composition hachée par l'architecture de la scène (*Mlle Bécat aux Ambassadeurs*, 1877-1885, New York) et concentrée sur les artistes (*La Chanson du chien*, vers 1876-1877, coll. part., voir ill. pp. 44-45). LM

Edgar Degas
Vers 1868-1869. H/t 56,5 × 46,2. Paris, Orsay.

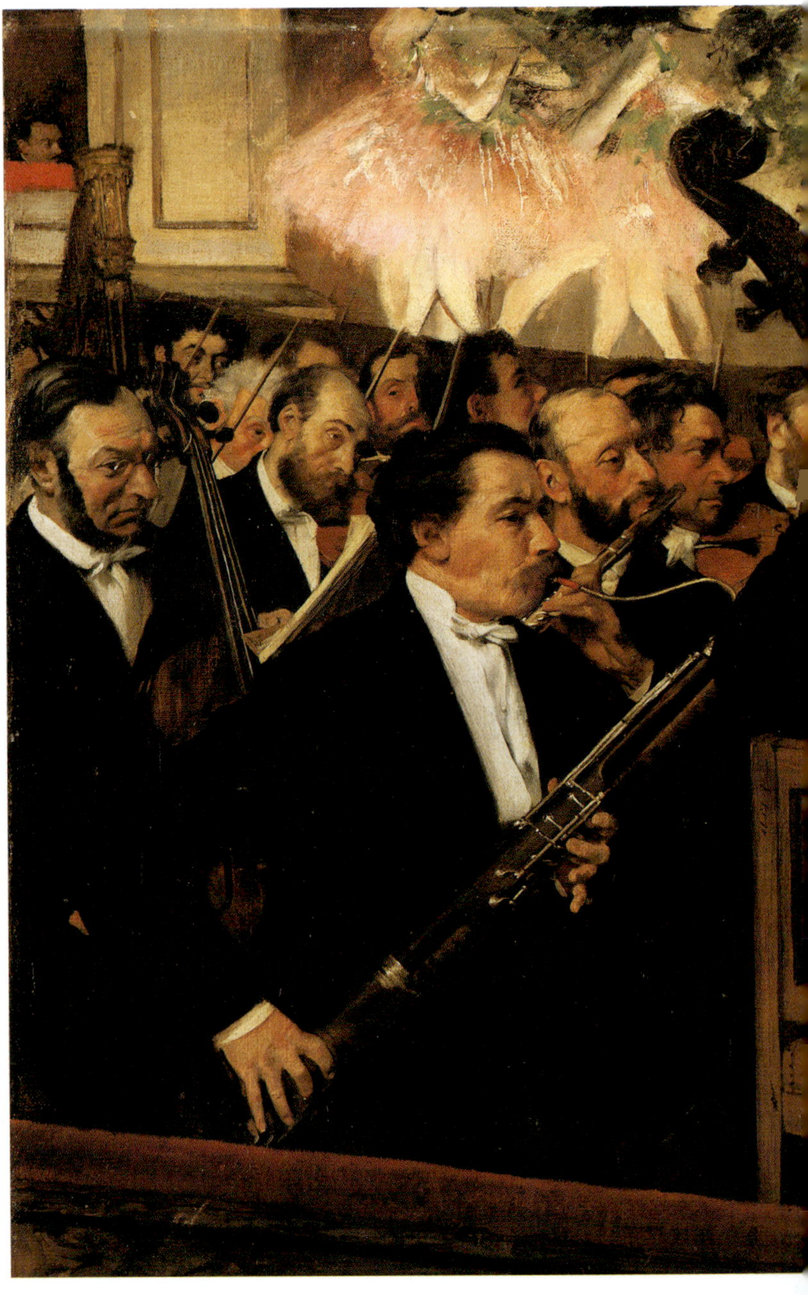

L'ORCHESTRE DE L'OPÉRA

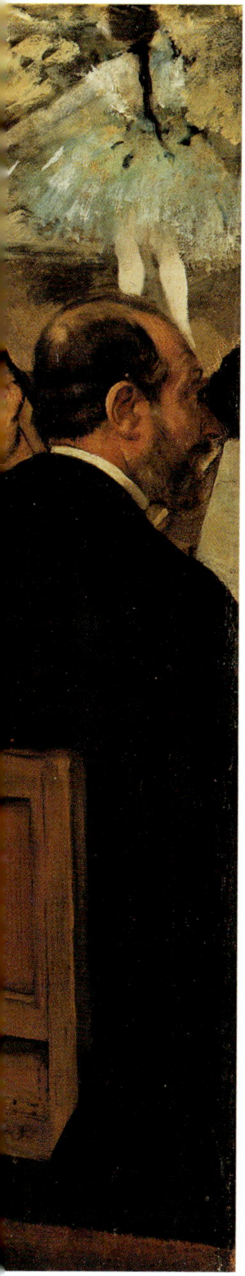

L'idée première de cette composition semble être le portrait de Désiré Dihau, premier basson de l'orchestre de l'Opéra de Paris que Degas connaît depuis un certain temps et avec qui il entretient des relations amicales. Au mépris de la disposition traditionnelle de l'orchestre, telle que l'a définie François Habeneck, Dihau est représenté au premier plan, jouant de son instrument dans la fosse où Degas, amateur de musique et abonné de l'Opéra, a coutume de l'écouter.

Tout en lui conférant une place insigne dans la représentation, Degas conçoit toute une galerie de portraits magistralement traités, florilège de ce que le monde musical parisien compte de célébrités. À gauche, dans la loge d'avant-scène, est représenté le compositeur Emmanuel Chabrier (voir Musique), puis, de gauche à droite le violoncelliste Louis-Marie Pilet et derrière le ténor espagnol Lorenzo Pagans ; le metteur en scène de la danse à l'Opéra, Gard, apparaît avec ses cheveux blancs ; Alexandre Piot-Normand est au violon, avec à ses côtés le compositeur Souquet qui regarde la salle et le musicien Pillot qui se tourne vers la scène ; le flûtiste Henry Altès et les violonistes Lancien et Gout à la droite de Dihau ; enfin de dos à droite, le contrebassiste Gouffé.

Degas ne fait appel qu'à un nombre restreint de couleurs pour représenter les attitudes et les mouvements caractéristiques de chaque instrumentiste. La partie supérieure de la composition resplendit de chatoyantes tonalités, mais posées de manière allusive, révélant les silhouettes étranges de danseuses* sans pieds et sans tête. Le lien entre les deux parties est assuré par la présence, à droite, du contrebassiste assis, dont la tête et la crosse de l'instrument s'introduisent dans l'espace scénique.

Avec cette toile, que Degas s'apprêtait à modifier quand Dihau la lui réclama, est né un prototype de composition au cadrage résolument moderne, où scène et fosse sont associées. Degas le reprendra dans plusieurs toiles (*Musiciens à l'orchestre*, 1872, Francfort). DL

Origines : du réalisme à l'impressionnisme

Dès la veille de la guerre franco-prussienne et de la Commune, tous les éléments qui vont contribuer à l'avènement de l'impressionnisme (voir Nouvelle peinture) sont en place. Et si l'exposition de 1874 apparaît comme un acte d'une incroyable audace, le terrain de cette « révolution » a été longuement préparé. Tant du point de vue de la lutte contre l'institution académique (voir Espace public), déjà mise à mal par un Salon* des refusés en 1863 et par plusieurs expositions particulières (Courbet* et Manet*) que du point de vue de la peinture. Différents bastions de la tradition ont d'ores et déjà été attaqués. La hiérarchie* des genres n'existe presque plus, les paysages dominent le Salon, la peinture de genre et la peinture d'histoire glissent l'une vers l'autre. Le réalisme s'impose dans tous les genres, du portrait au paysage. Mais surtout, de grands artistes, tels que Courbet, Daubigny, Corot* ou Manet, pourtant malmenés par l'administration des Beaux-Arts, prêtent main forte à une nouvelle génération d'artistes, qui entendent les leçons de leurs aînés et approfondissent leurs conceptions. Ainsi, le plein air (voir Peindre sur le motif), pratiqué par Corot, Daubigny, mais aussi Jongkind – dont Castagnary disait en 1863 : « Chez lui, tout réside dans l'impression » – et Boudin*, est devenu systématique chez Monet*, Bazille*, Renoir*, Sisley*, Pissarro* et Cézanne*. De même, les grands formats, autrefois réservés à la peinture d'histoire, puis adoptés pour des sujets modernes par Courbet et Manet, sont utilisés par Monet pour des paysages d'actualité (voir Peinture de paysage).

Dès 1867, les jeunes peintres tentent de faire une exposition de leurs œuvres dans un atelier*, indiquant par là même que l'heure de la reconnaissance approche. En effet, elle est proche, même s'il faut encore sept années pour que ce projet aboutisse et qu'on lui assigne par hasard le nom d'impressionnisme. LM

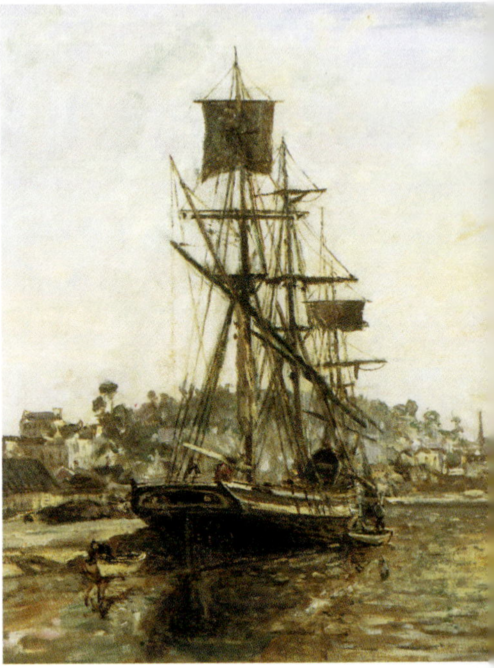

Johan Barthold Jongkind, *Le Port de Honfleur*, 1865. H/t 52,1 × 81,6. New York, Metropolitan Museum of Art.

Parties de campagne

Au milieu du XIXe siècle, devant la poussée de l'urbanisme, les Parisiens se prennent à rêver de campagne et d'air pur, accessible en train (voir Gares).

La partie de campagne consiste à s'ébattre et à déjeuner dans l'herbe, ou dans une auberge. Le pique-nique occupe une place importante dans l'imagi-

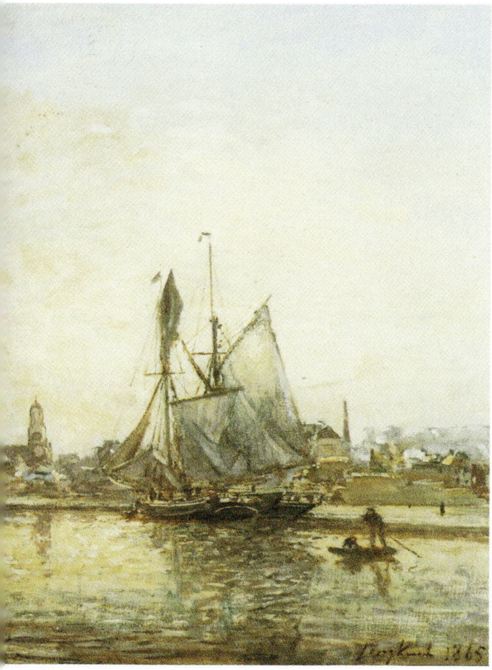

naire de ces journées. Dès le XVIIIe siècle, la mode en est lancée par les aristocrates, puis par les bourgeois.
Avec son tableau, *Le Bain*, rebaptisé un peu plus tard *Le Déjeuner* sur l'herbe*, Manet* rend compte de cette coutume. Il insiste, d'une part sur les relations peu équivoques qui se nouent dans ces joyeuses escapades, d'autre part sur l'incongruité de la présence de bourgeois, de citadins, dans un sous-bois, sans même le prétexte de la chasse.
Les pique-niqueurs du *Déjeuner sur l'herbe* (1865, Moscou et coll. part.) de Monet* sont plus à l'aise dans leur escapade, trouvant naturelle cette liberté d'un jour. Renoir*, plus sensible encore à l'expression des plaisirs de l'existence, rend, dans son *Déjeuner des canotiers* (1881,

OUBLIÉS DE L'IMPRESSIONNISME (LES)
Une histoire tronquée

De 1874 à 1886, huit manifestations de groupe* permettent à cinquante-sept artistes d'exposer (voir liste en annexe). Si l'on retrouve presque chaque année quelques noms familiers – à l'origine du mouvement Camille Pissarro* huit fois, Degas* et Berthe Morisot* sept fois, Guillaumin six fois, Caillebotte* et Monet* cinq fois et Renoir* seulement quatre fois –, il y a également des exposants réguliers dont l'œuvre n'est jamais assimilée à celle des impressionnistes (voir Nouvelle peinture) : Henri Rouart ou Charles Tillot qui exposèrent respectivement sept et six fois.
Parmi ceux qui exposent peu, certains sont des peintres d'un jour, dont nous ne savons que peu de choses, hormis leur accueil à l'une ou l'autre des manifestations impressionnistes (Alfred Meyer ou Mulot-Durivage qui sont de la première exposition, ou Jean-Baptiste Millet qui participe en 1875). D'autres ne considèrent ces expositions que comme des succédanés du Salon* qui les refuse ces années-là, ou y voient une passerelle vers des manifestations plus officielles et vers une certaine renommée.
Il ne faut pas oublier enfin qu'un certain nombre des fossoyeurs de l'impressionnisme participent aux dernières expositions du groupe et qu'avant d'être représentants du néo-impressionnisme*, Paul Gauguin*, Émile Schuffenecker, Georges Seurat ou Paul Signac se font connaître auprès de Degas ou de Guillaumin. La recension d'une telle disparité peut se résumer laconiquement dans la formule : il n'y a pas d'expositions impressionnistes entre 1874 et 1886, mais des expositions de groupe où apparaissent certains peintres impressionnistes. DL

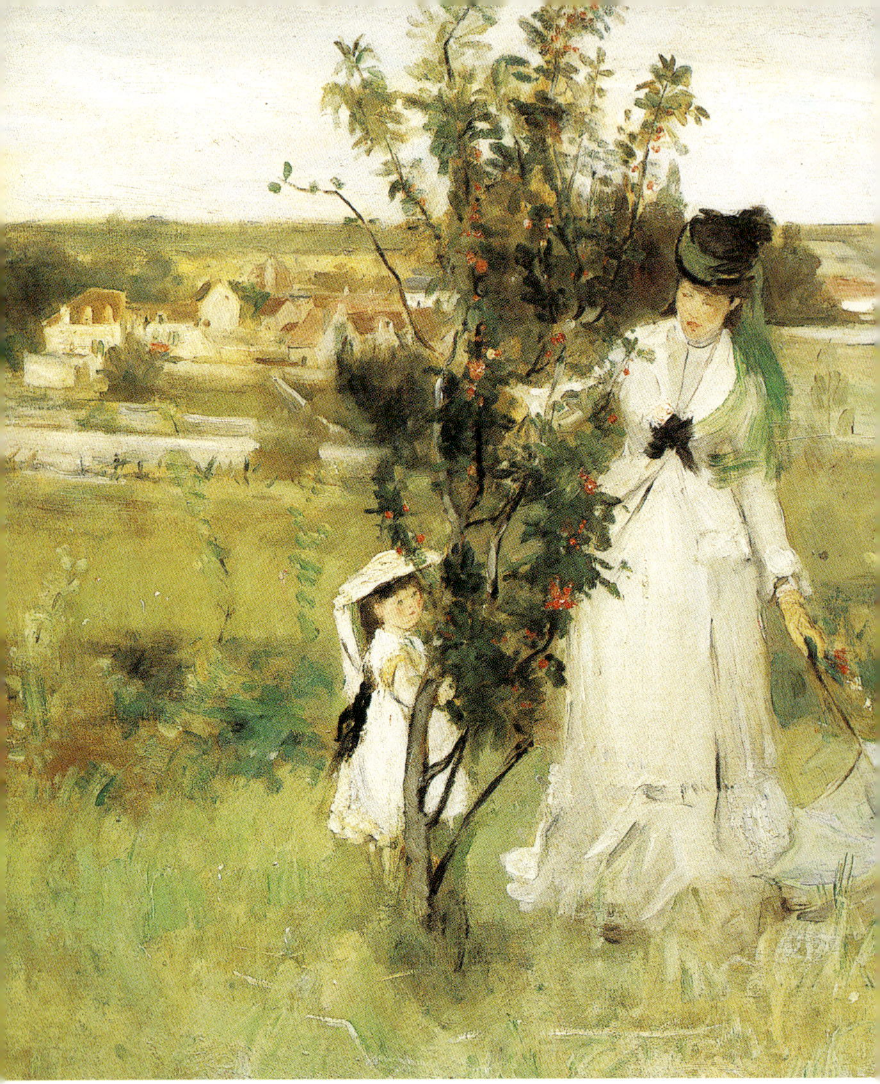

Berthe Morisot, *Cache-cache*, 1873. H/t 45 × 55. New York, coll. part.

Washington) peint au restaurant Fournaise de Chatou, la torpeur égayée d'une fin de repas. Ses convives ont perdu le guindé de l'œuvre de Manet. Vingt années séparent ces deux toiles, durant lesquelles le dimanche en banlieue, remplaçant le dimanche dans les bois, était devenu un loisir rituel et organisé. LM

Partisans et réfractaires : la critique divisée

L'exposition de la Société anonyme coopérative des artistes (voir Groupe), qui se tient à partir du 15 avril 1874 au 35, boulevard des Capucines, est peu visitée et peu commentée, puisque une quinzaine d'articles seulement se font l'écho de cette manifestation dans les journaux parisiens. Ces textes reflètent les hésitations de leurs auteurs.

Au-delà des défenseurs inconditionnels (Philippe Burty dans *La République française* ou Ernest d'Hervilly dans *Le Rappel*) et des irréductibles adversaires (Louis Leroy dans *Le Charivari*), il faut constater

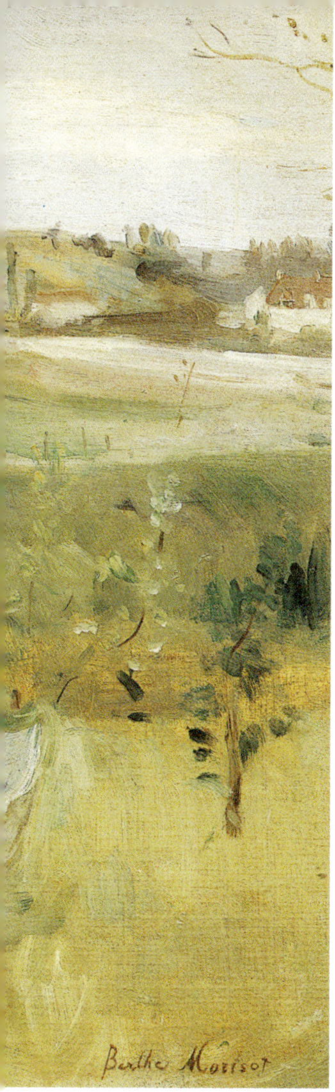

Les expositions suivantes provoquent le même type de réactions générale ou individuelle. Les deux versions des *Raboteurs de parquets* (1875, Orsay ; 1876, coll. part.) de Caillebotte* de l'exposition de 1876 donnent ainsi lieu à trois types de commentaires : admiratifs (Philippe Burty dans *La République française*), critiques (G. d'Olby dans *Le Pays*), ou dubitatifs, qui louent l'idée et blâment les détails d'exécution (Louis Enault dans *Le Constitutionnel*).
Lors des manifestations suivantes, les critiques s'apaisent et les expositions donnent lieu à d'élogieux comptes rendus signés Théodore Duret*, Émile Zola* ou Charles Ephrussi, dans lesquels la figure de Manet* apparaît toujours en filigrane. Malgré le soutien d'Émile Verhaeren ou de Félix Fénéon (voir ill. p. 84), les critiques s'exercent sur les nouvelles recrues, celles qui remettent en cause l'impressionnisme difficilement accepté : Gauguin* en 1880, Zandomeneghi en 1881, Seurat et Signac en 1886. DL

l'existence de réels analystes qui surent distinguer des différences selon les œuvres et les exposants (plus de la moitié d'entre eux ne sont qu'à peine cités), mais auxquels on peut reprocher de ne se prononcer que d'après des critères académiques. « Les triomphes injustes font songer aux défaites imméritées ». Cette maxime, qui conclut l'article de Jean Prouvaire dans *Le Rappel* du 20 avril 1874, marque la défiance vis-à-vis des manifestations officielles mais ne transforme cependant pas son auteur en zélateur de la nouveauté.

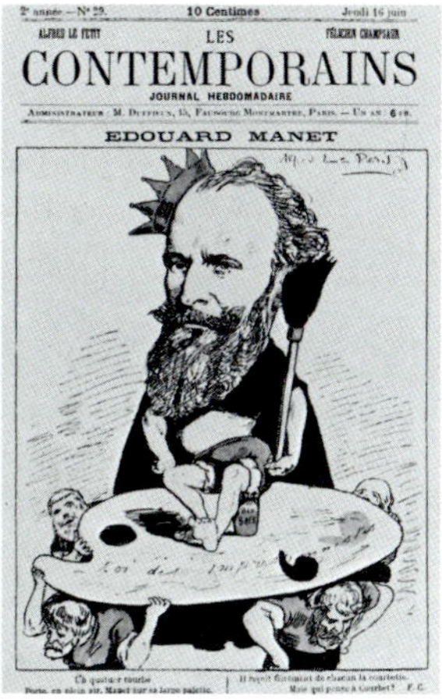

Alfred Le Petit, *Manet, « roi des Impressionnistes »*.

Peinture de paysage autour de 1860

« Le seul genre où les peintres français semblent réunis en école est le paysage. Elle diffère des autres en ce qu'elle ne reconnaît pour maître que la nature, la campagne, et qu'elle n'adopte qu'un seul atelier, la nature », déclare Edmond About en 1855. Dès le milieu du siècle, le paysage, omniprésent sur les cimaises du Salon*, a adopté le parti du réalisme. Ses deux maîtres sont Corot*, « réaliste-classique » et Rousseau, « réaliste-romantique ». Il faut ajouter à cette école de paysage, deux sites prépondérants, parcourus par les artistes : les côtes* de la Manche et la forêt de Fontainebleau, autour du village de Barbizon.
Les futurs impressionnistes portent un regard franc, inspiré de la manière de Daubigny dont les œuvres sont « des morceaux de nature coupés et entourés d'un cadre d'or » (Gautier) ou de Jongkind qui, à force de travailler en plein air avait acquis une science aiguë de la lumière – Monet* l'avait rencontré en 1862, sur la côte normande. L'artiste hollandais, que Monet tenait pour « le seul bon peintre de marines que nous avons », fut aussi celui auquel il doit « l'éducation définitive de son œil ». Les moyens de cette simplicité sont aussi ceux de l'estampe* japonaise, qui révèle « une lumière* implacable [...] et des intensités célestes », une remise en cause de la perspective (voir Espace) ou encore « un système de coloration absolument nouveau » (voir Chevreul). Autant de procédés qui redoublent l'originalité de chaque artiste et métamorphosent en quelques années la tradition du paysage, où prime désormais le sentiment de la chose vue, en toute indépendance. LM

Ci-contre : Claude Monet, *Le Pavé de Chailly dans la forêt de Fontainebleau*, 1865. H/t 97 × 130,5. Copenhague, Ordrupgaard-samlingen.

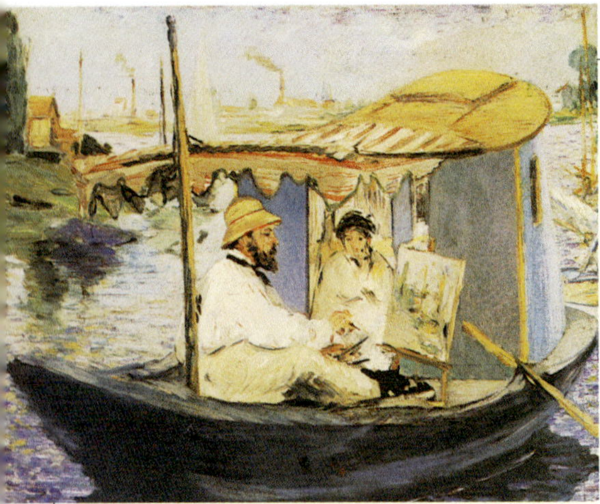

Édouard Manet, *Claude Monet sur son bateau-atelier*, 1874. H/t 80 × 98 Munich, Neue Pinakothek.

PEINDRE SUR LE MOTIF : Un problème matériel ?

L'apparition de la gouache en tube, au début du XIXe siècle, ne suffit pas à rendre la peinture sur le motif plus simple. D'ailleurs, l'usage consistant à faire des études sur le motif avant de réaliser le tableau à l'intérieur, persiste chez les peintres de Barbizon et chez les premiers impressionnistes. La peinture sur le motif relève surtout d'un projet artistique que Monet* est le premier à formuler et à exécuter : « Ce tableau [*Femmes au jardin*], je l'ai vraiment peint sur place et d'après nature, ce qui ne se faisait pas alors. J'avais creusé un trou dans la terre, une sorte de fossé, pour enfouir progressivement ma toile, lorsque j'en peignais le haut. » Ce qui est possible dans un jardin* redevient très compliqué pour tout autre motif, ainsi que s'en rend compte

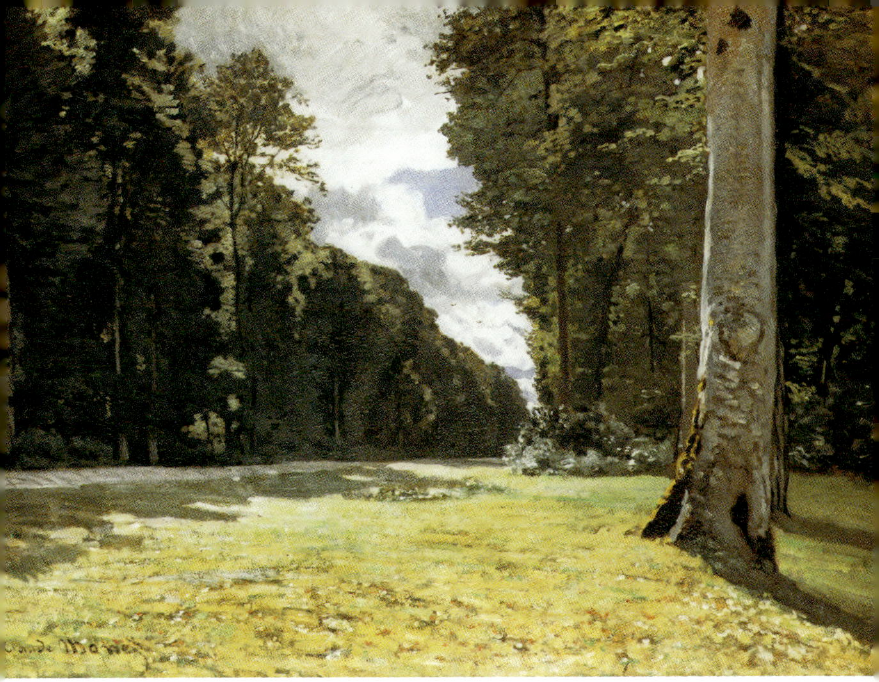

À propos du triomphe du paysage réaliste au Salon de 1868 :

« Jamais démonstration plus évidente n'aura suivi de plus près affirmation plus contestée. »

Jules Castagnary.

Paul Cézanne, *Pissarro partant sur le motif*, vers 1874. Crayon, 21 × 13. Paris, Orsay.

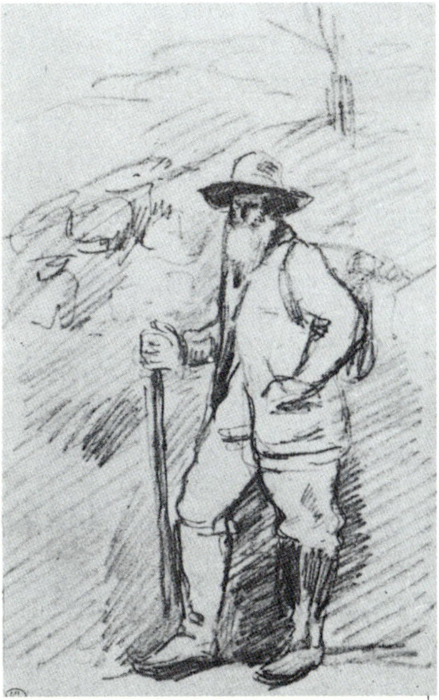

Renoir* lorsqu'il peint *Bal au Moulin* de la Galette* : malgré le temps passé par l'artiste devant son motif, l'œuvre accuse un certain artifice dans le rendu de la lumière*.
À Belle-Ile-en-Mer, Monet apparaît « comme un homme de la côte, botté, couvert de tricots, enveloppé d'un "ciré" à capuchon. Les rafales lui arrachent parfois sa palette et ses brosses des mains. Son chevalet est amarré avec des cordes et des pierres. » Il peint également dans un bateau aménagé en atelier, tout comme Daubigny, ou dans une barque.
Poussés très loin devant le motif, les tableaux ne sont achevés qu'après un long passage à l'atelier – ce que l'artiste, soucieux de sa légende ne confie jamais – le temps pour une vue sur le motif de devenir une œuvre. LM

PÈRE DE CÉZANNE

Louis-Auguste Cézanne débute sa carrière comme chapelier, puis il rachète la banque locale en difficultés après la révolution de 1848. Après avoir redressé et fait fructifier cet établissement, son seul désir est de voir son fils lui succéder, mais leurs relations orageuses se dégradent jusqu'à la longue rupture, provoquée par la naissance d'un petit-fils en 1872 que Paul eut avec Hortense Fiquet. Louis-Auguste oublie alors qu'il n'avait épousé la mère de Paul que lorsque celui-ci avait cinq ans.

Mais avant ce triste épisode, Cézanne* peint son père à plusieurs reprises. Une première fois, vers 1862, il apparaît dans le décor de la propriété familiale du Jas de Bouffan (aujourd'hui à Londres), déjà occupé à lire un journal, mais de profil et sur un fond indéterminé.

Dans le tableau de Washington, le personnage, au corps massif, est concentré sur sa lecture et croise les pieds devant son énorme fauteuil à roulettes recouvert de chintz clair, présenté légèrement de biais, que l'on retrouve de face dans *Achille Emperaire* (vers 1868, Orsay). Cette présence imposante, comme celle du portrait de *Monsieur Bertin* de Ingres (1832, Louvre), rappelle la conclusion des descriptions critiques de Zola*, commentateur de la jeunesse de Cézanne : « L'air d'un pape sur son trône ». Le titre qui figure aujourd'hui sur la partie supérieure repliée du journal a été modifié par Cézanne à une date indéterminée. *Le Siècle*, nom d'un quotidien républicain à gros tirage, que devait lire Louis-Auguste Cézanne, a été remplacé par celui de *L'Événement* qui ne parut que durant quelques mois et dans lequel Zola a publié ses critiques du Salon* du 27 avril au 20 mai 1866. Le père de Cézanne a-t-il effectivement lu les textes de l'ami de son fils ou le peintre a-t-il voulu réunir, jusque dans le traitement libre de sa touche comparable à la rhétorique des critiques de Zola, dans une même image le souvenir de deux êtres qui lui sont alors si chers ? DL

Louis-Auguste Cézanne, père de l'artiste, lisant L'Événement
Paul Cézanne
1866-1867. H/t 200 × 120.
Washington, National Gallery of Art.

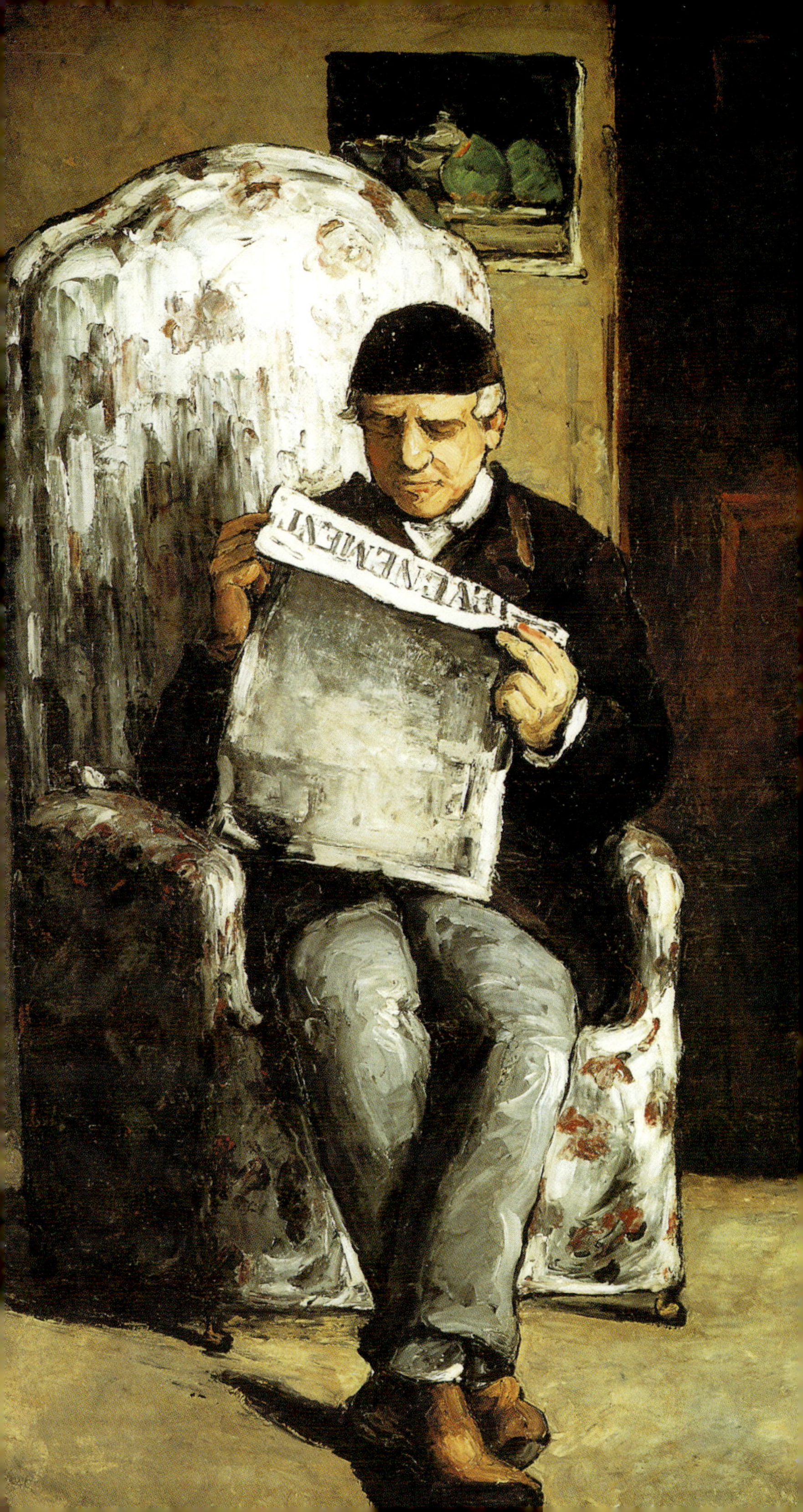

Photographie

« La photographie [...] c'est mieux qu'un art, c'est un phénomène solaire où l'artiste collabore avec le soleil » écrivait Lamartine en 1859, image qui vaut également pour certains paysages des débuts de l'impressionnisme, où les taches de lumière* marquent la toile aussi intensément que dans une photographie. Ainsi, les vues de la forêt de Fontainebleau ou encore *Le Déjeuner sur l'herbe* (1865, Moscou et coll. part.) de Monet*, doivent être comparés à certaines photographies de Gustave Le Gray également prises dans la vénérable forêt. Le peintre et le photographe parviennent, avec deux médiums différents à la même intensité procédant de la simplification des formes, et du sacrifice des détails.

C'est aussi le soleil qui dessine vigoureusement les *Femmes au jardin* (1866, Orsay) de Monet dont la composition s'inspire d'une photographie rapportée de Méric par Bazille*. Un tel usage de cette technique pour fixer une composition est courante chez les peintres, académiques ou impressionnistes. Il existe encore des similitudes entre la démarche des peintres et des photographes, révélées par l'apparition, dans les années 1860 de l'instantané* qui capte le mouvement et libère des conventions du cadrage. Très attiré par cette technique, Degas* saura se servir de cette constatation dans certaines œuvres, et utilisera largement ce nouveau médium, en le mêlant à son œuvre de multiples façons, en tant que photographe. LM

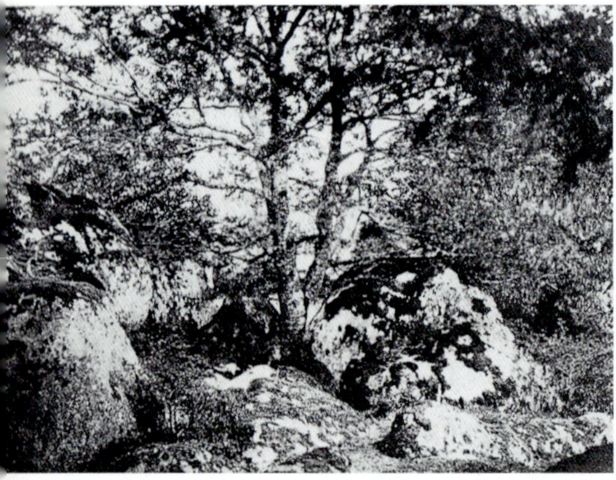

Gustave Le Gray, *Forêt de Fontainebleau*, vers 1851. Calotype 25,6 × 37,7. Coll. part.

Pissarro (Camille)

Originaire des Antilles, Camille Pissarro (1830-1903) est issu d'une famille commerçante qui accepte de le voir suivre des études artistiques à Paris à partir de 1855. Sa rencontre avec Corot* décide de sa vocation. Il s'inscrit aussitôt à l'académie Suisse (voir Apprentissage), où il se lie avec Monet* dès 1859 puis avec Cézanne* et Guillaumin en 1861, avec lesquels il fréquente le café* Guerbois. Fortement influencé par le naturalisme de Daubigny, il s'installe à Pontoise (voir Bords de Seine) à partir de 1866, puis à Louveciennes, donnant libre cours à sa prédilection pour les thèmes champêtres, qu'il traite dans des compositions où facture et composition révèlent une certaine sauvagerie.

En 1870, il rejoint Monet à Londres (voir Venise), rencontre Durand-Ruel (voir Marchands) qui le fera connaître et poursuit ses recherches sur le paysage (*Lower Norwood, Londres ; effet de neige*, 1870, Londres), tandis que l'armée prussienne détruit son fonds d'atelier resté à Louveciennes.

De retour en France, il participe activement à la création de la Société anonyme coopérative des artistes (voir Groupe) aux expositions de laquelle il prend

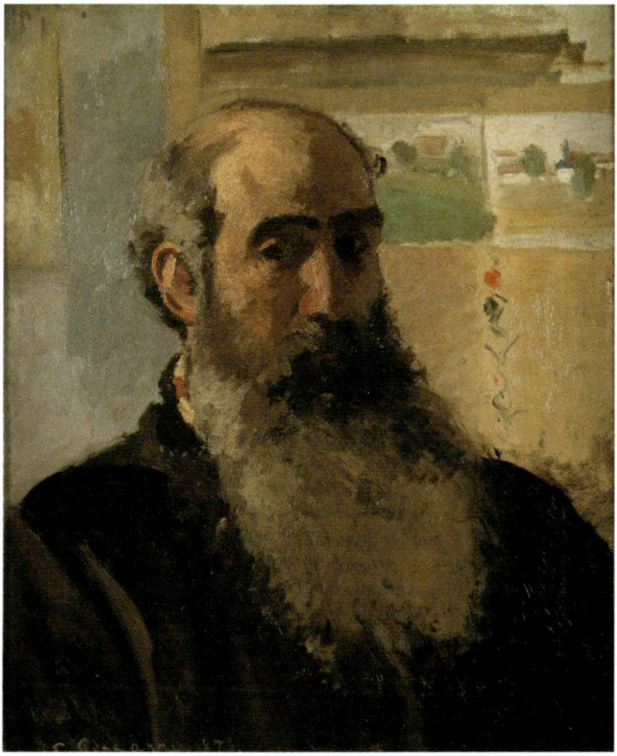

Camille Pissarro, *Autoportrait*, 1873. H/t 56 × 46,7. Paris, Orsay.

régulièrement part. À Pontoise, il initie Cézanne, dans les années 1872-1874, à la peinture en plein air (voir Peindre sur le motif).
En 1884, il s'installe à Éragny et traverse une brève période néo-impressionniste*.
Dès 1888, il revient à sa facture antérieure dans de nombreuses vues urbaines (voir Rue) que lui suggèrent de fréquents séjours à Rouen ou à Paris (*Boulevard des Italiens. Soleil du matin*, 1897, Washington). Parallèlement, il se livre au décor d'éventails et de porcelaines, ainsi qu'à la gravure et à l'illustration. DL

Pompiers (les)

Ce terme issu de l'argot d'atelier* est d'abord appliqué aux peintres d'histoire, issus de l'école post-davidienne avant de se substituer globalement et péjorativement au qualificatif d'académique. On a l'habitude de leur reprocher une technique aboutie mais systématique, un style pompeux et empli d'effets faciles, une production quelque peu flagorneuse et racoleuse destinée à une bourgeoisie nouvelle et sans solide formation esthétique et, critique suprême, un style de vie bien éloigné des descriptions murgeriennes et romantiques.
Au-delà même de l'aspect formel, tout oppose les œuvres de ces peintres à celles des impressionnistes (voir Nouvelle peinture). De la hiérarchie* des sujets à la rhétorique des titres, les fondements académiques de cette peinture vont se trouver balayés dans les années 1860-1870.

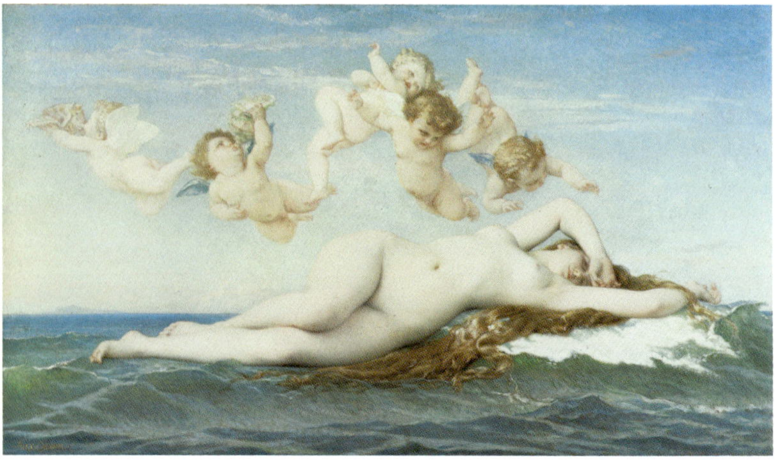

Parmi ces maîtres des Salons officiels, dont les œuvres sont achetées par le musée du Luxembourg, antichambre du Louvre, figurent des artistes divers qui surent traiter aussi bien le sujet historique (Couture*, Meissonier) que le nu* mythologique (Bouguereau, Cabanel), la nature morte (Vollon) que la scène de genre, mais en conférant souvent à leur composition un aspect artificiel en raison de la survalorisation de la technique de l'afféterie, de la platitude ou de la banalité de l'idée. Une meilleure connaissance de ces artistes permet de recomposer aujourd'hui le véritable panorama artistique où l'impressionnisme ne fut d'abord qu'un phénomène mineur. DL

Alexandre Cabanel, *Naissance de Vénus.* H/t 130 × 225. Paris, Orsay.

Portraits impressionnistes

Le portrait est un genre traditionnel mais qui comporte encore, pour les impressionnistes, d'importantes possibilités de renouvellement, malgré l'immense variété des propositions des peintres depuis des siècles. Au cours du XIXe siècle, il est le genre dominant du Salon*, et aussi celui par lequel un artiste peut espérer vivre de son art, ce que n'ont pas négligé Monet*, Renoir* ou Degas*. Seul Renoir* réalise des portraits de commande à partir de la fin des années 1870 (*Madame Georges Charpentier et ses enfants,* 1878, New York), offrant aux portraitistes mondains des formules bien vite reprises et édulcorées.

L'apport principal des impressionnistes réside dans leur volonté de présenter leurs modèles dans leurs intérieurs, livrés leurs occupations habituelles (Degas, *Henri Rouart*

Edgar Degas, *Edmond Duranty,* 1879. Pastel 100 × 100. Glasgow, Museum and Art Galleries.

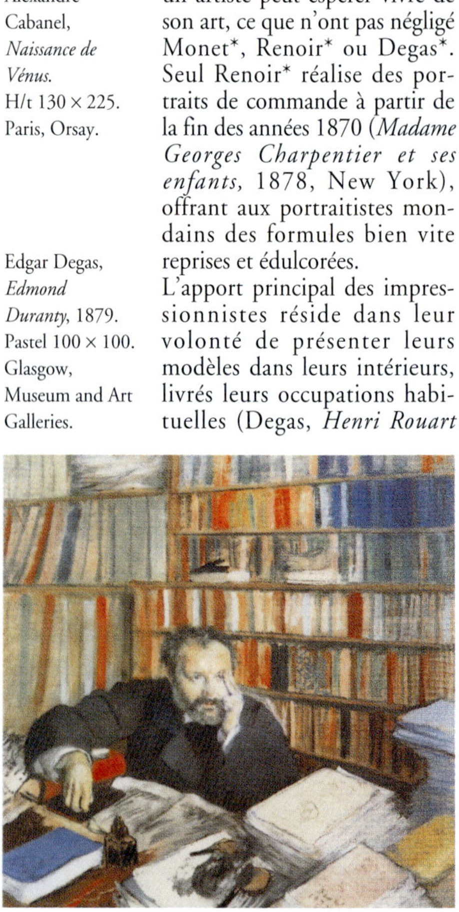

devant son usine, vers 1875, Pittsburgh). C'est ce que préconise d'ailleurs Duranty (voir Nouvelle peinture), inspiré par Degas : « Avec un dos, nous voulons que se révèle un tempérament, un âge, un état social ; par une paire de mains, nous devons exprimer un magistrat ou un commerçant ; par un geste, toute une suite de sentiments ».
Degas, mais également Renoir, Monet et Cézanne* n'hésitent pas à peindre leurs modèles dans une fosse d'orchestre, devant une usine, à la bourse. Les barrières de la hiérarchie* des genres (Manet, *Dans la serre*, 1879, Berlin) opèrent alors un glissement : certains portraits deviennent des scènes de genre. Les cadrages, le mouvement, la lumière*, etc. interviennent pour faire des portraits, à l'instar des paysages, des représentations de l'instant (voir Instantanéité). LM

Édouard Manet, *Nana*, 1877. H/t 154 × 115. Hambourg, Kunsthalle.

PROSTITUTION : de *Nana* aux scènes de bordel

Avec *Nana*, *Scènes de maisons closes* (1876-1877, Paris) et *Femmes à la terrasse d'un café, le soir* (1877, Orsay), Manet* et Degas* nous livrent les trois visages de la prostitution au XIXe siècle, au moment où elle traverse une crise. La prostitution de haut vol, des femmes entretenues, cocottes croqueuses de fortune, illustrée par Manet, bénéficie d'une certaine liberté dont le peintre se fait le complice. Avec ses œuvres, Degas touche un milieu beaucoup plus sensible, celui de la prostitution réglementée depuis la loi de 1829 qui enferme la sexualité vénale dans des maisons de tolérance. Mais les bordels, longtemps prospères, déclinent. Ils sont menacés par l'urbanisation des grandes villes qui les déloge, la rareté des filles soumises, l'évolution de l'opinion qui dénonce ces « simples égouts séminaux », ainsi que les conditions de vie des filles, réduites à l'esclavage par les patronnes. Degas en montre, sans le parti pris des romanciers, le quotidien, l'entassement des corps impudiques, le passage furtif et anonyme du client, la domination bourgeoise et maternelle de la patronne… Les maisons sont aussi menacées par le développement de la prostitution clandestine que Degas révèle avec un réalisme « cynique et cruel » (Degas). Dans *Femmes à la terrasse d'un café, le soir*, les boulevards et les cafés sont devenus les lieux incandescents du racolage. LM

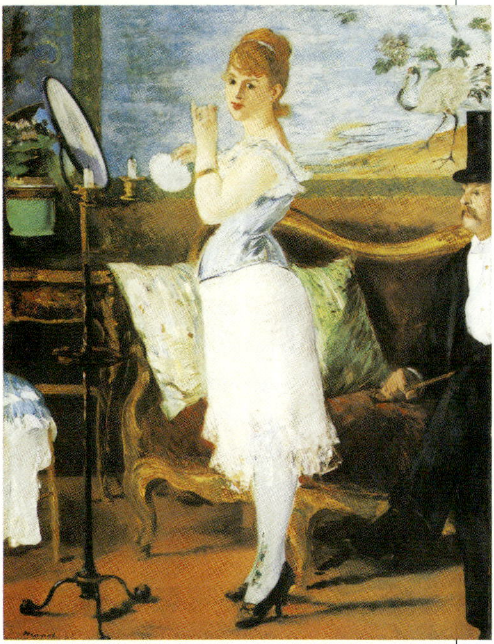

PROUST ET ELSTIR
La couleur des mots

Amoureux de Giverny* et de ses jardins* – un tableau « à même la nature » –, Proust a nourri *À la Recherche du temps perdu* (1913-1927) de son goût pour l'impressionnisme, et plus particulièrement de son admiration pour Whistler* et Monet*. Dans *Le Temps retrouvé*, il rapproche d'ailleurs lui-même ces deux noms de celui d'Elstir, peintre fictif, constamment évoqué dans la *Recherche* sans en être un des personnages actifs. Mais entre Whistler et Elstir, il n'y a que la métamorphose d'un anagramme où se résume toute une esthétique du regard neuf et de la subjectivité raffinée.
Elstir est la parfaite incarnation de cette innocence* de l'œil qui garantit au créateur une perception plus intense et personnelle de la nature. Proust a donné à ce mythe impressionniste une portée conceptuelle qui laisse peut-être deviner la lecture (après les impressionnistes ?) des *Elements of Drawings* (1857) de son cher Ruskin : « Toute la puissance technique de la peinture suppose de retrouver ce que l'on pourrait appeler *l'innocence de l'œil*, c'est-à-dire une sorte de perception enfantine de ces taches de couleurs* telles qu'elles sont, sans conscience de ce qu'elles signifient, telles que les verrait un aveugle qui recouvrerait la vue ».
Mais comment oublier devant le motif ce que l'on sait et comment ne pas y voir ce que l'on s'attend à trouver ? De cette amnésie paradoxale (Elstir veut oublier jusqu'au nom des choses pour les appréhender en dehors de toute logique utilitaire), Proust a mieux parlé que tout autre. Cette enfance, il sait qu'il en faut retrouver le chemin en soi, par un effort et non un abandon illusoire à la sensation immédiate : « Or, l'effort d'Elstir de ne pas exposer les choses telles qu'il savait qu'elles étaient, mais selon les illusions optiques dont notre vision première est faite, l'avait précisément amené à mettre en lumière certaines de ces lois de perpectives, plus frappantes alors, car l'art était le premier à les dévoiler ». Elstir ou la candeur retrouvée ? Elstir ou l'intelligence du regard ? Pour Proust, la vision des peintres modernes ne se situe pas ailleurs, entre lucidité et mystère intime. SG

Renoir (Pierre-Auguste)

Originaire de Limoges, Renoir (1841-1919) est d'abord tenté par le décor sur porcelaine, mais sa vocation évolue et, en 1862, il se tourne vers la peinture et entre à l'atelier Gleyre (voir Apprentissage).
Avec ses camarades d'atelier* qui ont pour nom Bazille*, Monet* ou Sisley*, il s'initie à la peinture de plein air en forêt de Fontainebleau (voir Peindre sur le motif). Dès 1864, il est présent au Salon*, mais les sujets et le traitement de sa peinture évoluent vers plus de liberté sous l'influence de Monet à partir de 1872. Le Salon officiel lui ferme alors ses portes et il se lance dans l'aventure de l'exposition de 1874 (voir Espace public) dans l'ancien atelier de Nadar, où il s'occupe du décor et de l'accrochage des œuvres.
Aux différentes expositions du groupe*, il est présent avec des tableaux-manifestes de la nouvelle école : *Bal au Moulin* de la Galette* en 1876 (Orsay) ou *Le Déjeuner des canotiers* en 1881 (Washington). Au début des années 1880, tandis que le Salon lui ouvre à nouveau ses portes, Renoir s'éloigne de l'impressionnisme et adoucit les principes plastiques qu'il avait promus entre 1874 et 1877.
Bien que les sujets modernes et la peinture de plein air continuent d'inspirer sa production, on parle alors de période ingresque (*Madame Clapisson*, 1883, Chicago) parce que les formes y sont cernées d'un contour plus ferme. À partir de 1890, Renoir renoue avec une technique plus large et plus enveloppée. Le lyrisme de ses nus flamboyants assure définitivement sa gloire. DL

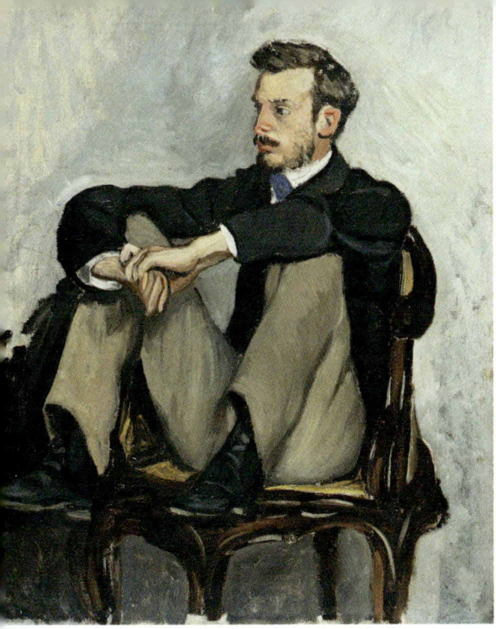

Frédéric Bazille, *Portrait de Renoir*, 1867. H/t 62 × 51. Paris, Orsay.

Rivière (Georges)

Dans les statuts de la Société anonyme coopérative des artistes, fondée en 1873, est stipulée « la publication, le plus tôt possible, d'un journal exclusivement consacré aux arts ». Dès leurs débuts, les artistes ont compris la nécessité d'avoir un journal qui se fasse l'écho de leurs actions, expositions et ventes. C'est seulement pour la troisième exposition (voir Espace public), en 1877 que leur projet se réalise. Le journaliste Georges Rivière (1855-1943), ami de Renoir*, rédige et publie, le temps de l'exposition, les quatre numéros de *L'Impressionniste, journal d'art.* Comme Duranty (voir Nouvelle peinture) en 1876, Rivière joue le rôle, en 1877, de porte-parole du groupe*. Son compte rendu est fidèle à la manifestation, présentant chaque exposant. Son texte sur Cézanne* est, à cette époque, l'un des rares qui offrent un point de vue positif sur l'artiste. LM

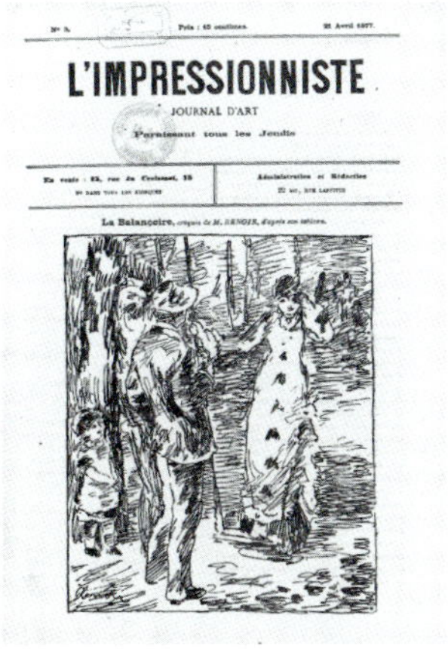
L'IMPRESSIONNISTE
JOURNAL D'ART

Couverture de *L'Impressionniste, journal d'art*, 21 avril 1877. Paris, Bibliothèque nationale.

Rue (la)

La rue parisienne offre, depuis les transformations d'Haussmann, un spectacle ininterrompu. Certains tableaux de Monet* (*Le Boulevard des Capucines*, 1873, Moscou), Caillebottc*(*Un refuge, boulevard Haussmann,* vers 1880, coll. part.) et Pissarro* (*La Place du Théâtre français*, 1898, Los Angeles), insistent sur les perspectives d'immeubles, l'omniprésence de la pierre, mais surtout sur les citadins écrasés, fugitifs, perdus dans la foule, transformés en « lichettes noires » qui effraient le critique Leroy. Il faut « rendre la marche, le mouvement, la trépidation et l'entrecroisement des passants » proclame Duranty. Parfois, une scène se dessine, des hommes travaillent (voir Travail), comme dans *Peintres en bâtiment* (Caillebotte, 1877, coll. part.) ou *La Rue Mosnier aux paveurs* (Manet, 1878, Cambridge), mais surtout se promènent. L'activité de la rue permet de nouveaux points de vue, de nouveaux cadrages, le passant « ne se montre pas constamment en entier [...] tantôt il apparaît coupé à mi-jambes, à mi-corps, tranché longitudinalement » (Duranty) [Renoir, *Les Parapluies*, 1880-1883, Londres]. LM

LA RUE MONTORGUEIL, FÊTE DU 30 JUIN 1878

Claude Monet
1878. H/t 81 × 50.
Paris, Orsay.

La fête de la Paix du 30 juin 1878 est l'une des manifestations associées à l'Exposition* universelle qui s'était ouverte le 1er mai. Monet*, dont on connaît les sentiments républicains et patriotiques, semble s'y être associé et avoir circulé au milieu de ces festivités dont il nous a laissé deux représentations : *La Rue Saint-Denis, fête du 30 juin 1878* (Rouen) et *La Rue Montorgueil, fête du 30 juin 1878*. Grâce au carnet de comptes de l'artiste, nous pouvons affirmer être en face de deux rares exemples de peintures commémoratives que nous aient laissé les artistes impressionnistes.
Mais l'événement inspire aussi Manet qui, des fenêtres de son atelier du 4, rue de Saint-Pétersbourg, réalise deux versions de *La Rue Mosnier aux paveurs* (1878, Upperville et Cambridge). La vue parisienne fut réalisée depuis le balcon de l'immeuble situé au 141, rue Saint-Denis, tandis que le tableau rouennais, dont l'effet de perspective est plus accentué, dut être composé à partir du carrefour des rues Mandar et Greneta. Cette représentation de la modernité de la vie urbaine, qui n'est qu'un prétexte à l'une de ces premières compositions osées que lui emprunteront bientôt Pissarro* et Caillebotte*, vibre d'une multitude de coups de pinceaux colorés juxtaposés, mais qui suggèrent un archétype de réjouissements républicains, plus qu'ils ne décrivent un événement au retentissement pourtant considérable. De minuscules personnages, sommairement représentés, déambulent nombreux dans une rue, dont la perspective mène l'œil jusqu'au centre du tableau. Autour et au-dessus d'eux, selon deux axes qui se superposent aux diagonales de la composition, de multiples drapeaux flottent au vent. Tel un écran, ils voilent des façades modelées par la lumière*, mais à peine évoquées par un traitement allusif de la touche. Le style virtuose, le chromatisme brillant fixent un instant (voir Instantanéité) de l'existence mais affirment d'une manière intemporelle et engagée les idées républicaines de leur auteur. DL

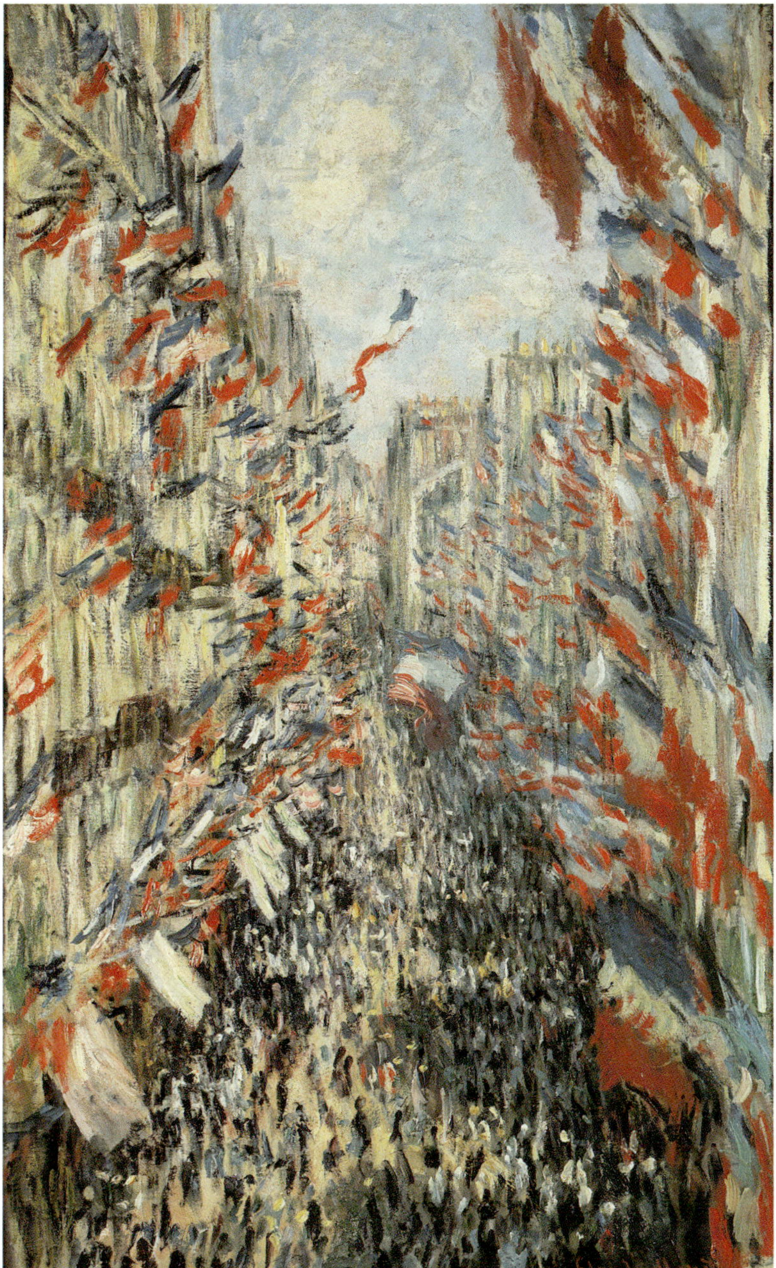

Salon entre censure et crise (le) : vers l'autonomie des peintres

Le critique Paul Alexis demande, dans son article paru dans *L'Avenir national* du 5 mai 1873, la suppression du jury du Salon (voir Espace public) et la création d'une corporation indépendante. Durant l'hiver 1873-1874, Monet fait mûrir ce projet qui conduira à l'organisation des huit expositions impressionnistes (voir Groupe). Cet acte d'indépendance annonce les scissions que connaîtront les années 1880 avec l'apparition du Salon des indépendants en 1884 et de la société nationale des Beaux-Arts en 1889.

En effet, par l'entremise de son ministre des Beaux-Arts Antonin Proust, l'État lui-même se retire du Salon, obligeant les participants à s'organiser en une Société des artistes français (1881), qui se scindera à son tour en 1889 en la Société des artistes français d'une part, et la société nationale des Beaux-Arts d'autre part.

Le Salon officiel est mort, succombant à la progressive sclérose de son organisation et de ses choix, concurrencé par la mise en place d'un commerce moderne et dynamique des œuvres d'art. Enfin, les divergences artistiques au sein du groupe, ajoutées aux inimitiés personnelles latentes depuis les origines, entraînent l'éclatement définitif de l'entité factice qu'est le mouvement impressionniste. DL

Série : au fil des heures

À la fin des années 1880, Monet*, le chef de file reconnu des impressionnistes, est menacé par l'apparition de Seurat, de sa technique scientifique et de ses théories divulguées par Signac et Fénéon (voir ill. p. 84). Il est menacé également par l'émergence du symbolisme ébranlant l'expérience réaliste qui domine la peinture depuis le début des années 1860. C'est en poursuivant jusqu'au bout son aventure de paysagiste et de peintre sur le motif (voir Peindre sur le motif) que Monet choisit de réagir et de reconquérir sa place : « Je pioche beaucoup et avec ardeur, je m'entête à une série d'effets différents, mais à cette époque, le soleil décline si vite que je ne peux le suivre [...]. Je deviens d'une lenteur à travailler qui me désespère, mais plus je vais, plus je vois qu'il faut beaucoup tra-

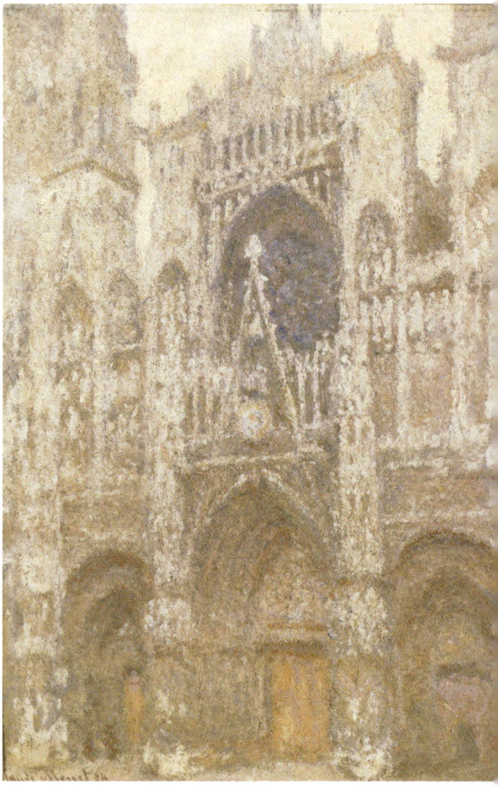

Claude Monet, *La Cathédrale de Rouen. Le portail, temps gris*, 1894. H/t 100 × 65. Paris, Orsay.

vailler pour arriver à rendre ce que je cherche : l'instantanéité* » confie-t-il à Geffroy*. Chaque série – les meules, les peupliers, les cathédrales, les parlements de Londres, les bassins aux nymphéas* – est menée sur le même principe : représenter un motif identique à différentes heures de la journée,

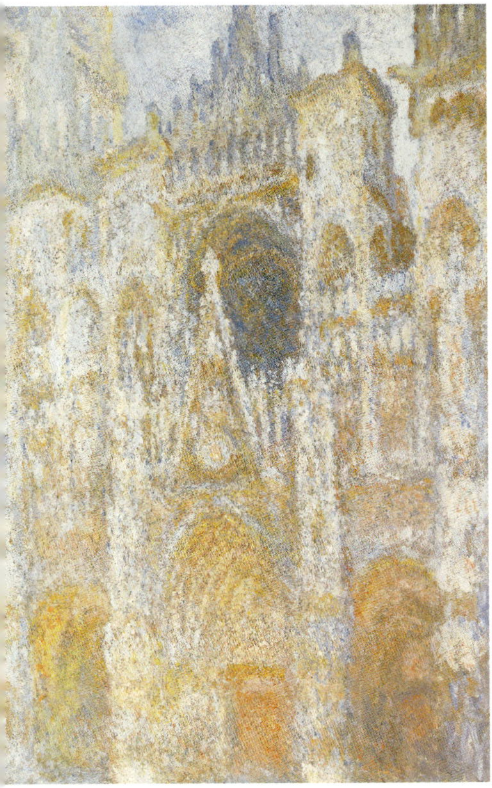

Claude Monet, *La Cathédrale de Rouen. Le portail, soleil. matinal. Harmonie bleue*, 1894. H/t 91 × 63. Paris, Orsay.

au cours de plusieurs saisons. Chaque présentation au public d'une série est minutieusement préparée par Monet, qui, par cette réflexion intense sur le paysage, gagne la critique symboliste, sensible à l'effet subjectif des toiles. Les séries de Monet constituent bien « une démonstration artistique extraordinairement victorieuse » (Geffroy) de l'impressionnisme. LM

Sisley (Alfred)

Impressionniste, mais aussi fidèle successeur du naturalisme de Daubigny ou du sentiment poétique de Corot*, Sisley (1839-1899) pourrait être le réconciliateur des nouvelles tendances et de la tradition classique du paysage, à laquelle il emprunte de sages compositions et de claires harmonies. Mais il demeure presque toute sa vie dédaigné ou ignoré d'un public qui lui reproche le manque de fini de ses ouvrages.
Né de parents britanniques et bien qu'il n'ait jamais obtenu sa naturalisation, Sisley passe la plus grande partie de son existence en région parisienne. Après son entrée à l'atelier Gleyre (voir Apprentissage) en 1862 et sa rencontre avec Monet*, Renoir* et Bazille*, il découvre le charme des paysages qui vont devenir l'unique objet de ses peintures.
Durant la guerre, il s'exile, comme Monet et Pissarro*, à Londres où Paul Durand-Ruel (voir Marchands) lui offrira, en 1883, l'opportunité d'une exposition monographique.
Ruiné à la mort de son père, il n'en continue pas moins de peindre de 1872 à 1882 des paysages de Marly, de Bougival, de Louveciennes, de Sèvres et de Suresnes, paysages où l'empreinte de Monet est de plus en plus évidente. Reçu au Salon* en 1866 avec deux paysages, dont *Une rue à Marlotte ; environs de Fontainebleau* (1866, Buffalo), puis aux expositions de 1868 et 1870 (voir Espace public), il se présente comme élève de Corot. Par la suite exclu, on retrouve ses toiles à l'Exposition artistique des œuvres refusées de 1873 et aux expositions du groupe* impressionniste. DL

SOCIÉTÉ FRANÇAISE (REPÈRES)
De Napoléon III à l'affaire Dreyfus

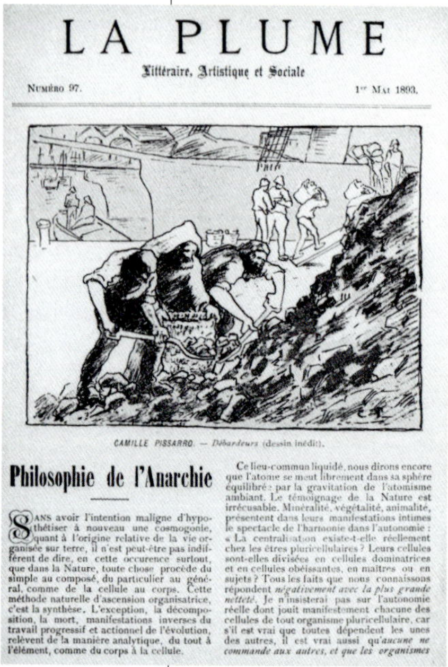

LA PLUME

Littéraire, Artistique et Sociale

NUMÉRO 97. 1er MAI 1893.

CAMILLE PISSARRO. — *Débardeurs* (dessin inédit).

Philosophie de l'Anarchie

SANS avoir l'intention maligne d'hypothétiser à nouveau une cosmogonie, quant à l'origine relative de la vie organisée sur terre, il n'est peut-être pas indifférent de dire, en cette occurence surtout, que dans la Nature, toute chose procède du simple au composé, du particulier au général, comme de la cellule au corps. Cette méthode naturelle d'ascension organisatrice, c'est la synthèse. L'exception, la décomposition, la mort, manifestations inverses du travail progressif et actionnel de l'évolution, relèvent de la manière analytique, du tout à l'élément, comme du corps à la cellule.

Ce lieu-commun liquidé, nous dirons encore que l'atome se meut librement dans sa sphère équilibrée par la gravitation de l'atomisme ambiant. Le témoignage de la Nature est irrécusable. Minéralité, végétalité, animalité, présentent dans leurs manifestations intimes le spectacle de l'harmonie dans l'autonomie : « La centralisation existe-t-elle réellement chez les êtres pluricellulaires ? Leurs cellules sont-elles divisées en cellules dominatrices et en cellules obéissantes, en maîtres ou en sujets ? Tous les faits que nous connaissons répondent *négativement avec la plus grande netteté*. Je n'insisterai pas sur l'autonomie réelle dont jouit manifestement chacune des cellules de tout organisme pluricellulaire, car s'il est vrai que toutes dépendent les unes des autres, il est vrai aussi qu'*aucune ne commande aux autres, et que les organismes*

Couverture de *La Plume*, mai 1893.

Lorsque les impressionnistes exposent pour la première fois en 1874, la société française se relève à peine des événements dramatiques de 1871, l'« Année terrible », qui a vu l'occupation de la France par les troupes prussiennes, le siège de Paris, la Commune et sa répression dans un bain de feu et de sang. Par le traité de Francfort, la France s'est vue amputée de l'Alsace et d'une partie de la Lorraine, et obligée de payer une colossale dette de guerre.

Choquée, la France voit dans le second Empire (1852-1870) une période de décadence dont il faut expier les goûts de luxe et de débauche, oubliant que le règne de Napoléon III est celui d'un considérable essor économique et industriel pour le pays.

La troisième République, proclamée le 4 septembre 1870 après la défaite de Sedan et l'abdication de l'empereur, est placée sous le signe de l'ordre moral. La reconstruction est rapide. En 1878, l'Exposition* universelle est un premier pas vers le redressement du pays. En 1881, les lois libérales : gratuité de l'enseignement primaire, liberté de presse, liberté de réunion, sont votées. La République, sûre de la mission civilisatrice de la France se lance dans la colonisation.

Le krach de l'Union Générale en 1882 entraîne une dépression économique et affecte les impressionnistes à travers leur principal marchand* Durand-Ruel. L'Exposition* universelle de 1889 marque le triomphe de la République qui a survécu aux menaces monarchistes ou autocrates. Pourtant d'autres crises surgissent et révèlent les fragilités de la société française : les grèves de Fourmies puis de Carmeaux rappellent le profond mécontentement des travailleurs, soutenus épisodiquement par les anarchistes qui font régner le terrorisme sur la capitale et assassinent le président Sadi-Carnot en 1894.

L'affaire Dreyfus, révélée au grand public en 1898 par le « J'accuse » de Zola*, soulève et exacerbe les sentiments nationalistes, revanchards, antisémites qui traversent la société depuis 1871. À la recherche de la justice et de la vérité, la société se divise profondément et durablement sur l'image des valeurs fondatrices de la France. Cette ultime crise du siècle finissant touchera également les impressionnistes, eux aussi divisés en dreyfusards et anti-dreyfusards. LM

TRAVAIL (IMAGES DU)
L'impressionnisme est-il un art social ?

La représentation du travail est inscrite au programme de *La Nouvelle* Peinture*, énoncé par Duranty qui attend des artistes l'évocation des « gens du monde, des prêtres, des soldats, des paysans, des ouvriers, des marchands ». Cependant, rares sont les impressionnistes qui posent un regard sur cet aspect en mutation de la vie moderne.

Le travail devient une force monnayable et réglementée. Ses représentations abondent dans l'histoire de la peinture, particulièrement au XIXe siècle, livrant son lot de glaneuses, semeuses, etc. Sous la troisième République, les mairies commandent, comme décor, de grandes fresques glorifiant les vertus du labeur.

C'est précisément sur le terrain de la glorification que les impressionnistes font la différence. Dans différents tableaux, Caillebotte* et Degas* expriment l'effort et la fatigue ; cependant, leurs images sont absolument dénuées du pathos pittoresque et moralisateur que cultive de son côté Raffaëlli, par exemple. Caillebotte montre sobrement la réalité du travail. Degas y ajoute une pointe d'ironie, signe de son parisianisme et dernier rempart contre un naturalisme trop populiste. En 1875, Monet* peint *Les Déchargeurs de charbon* (Orsay) où la représentation du travail physique trouve son symbole définitif. LM

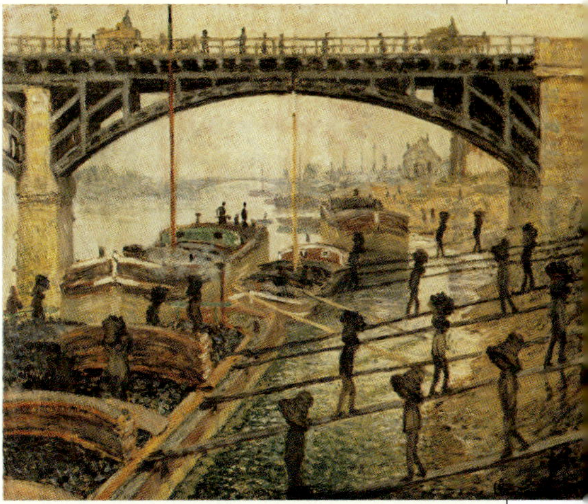

Claude Monet, *Les Déchargeurs de charbon*, 1875. H/t 55 × 66. Paris, Orsay.

Venise et Londres : l'appel des villes d'eau

Venise au sud et Londres au nord, deux villes d'eau et de brumes où les peintres impressionnistes sont assurés de trouver matière à leurs études sur la lumière*. Elles sont abondamment fréquentées par ces artistes qui nous en ont laissé de vibrantes représentations colorées.

La guerre franco-prussienne et la défaite incitèrent Monet* et Pissarro* à un exode volontaire sur les bords de la Tamise en 1870-1871, durant lequel ils s'attachèrent à la transcription des « effets de brouillard, de neige et de printemps » (Monet, *La Tamise et le Parlement*, 1870-1871, Londres). Ils y retrouvent le marchand* Durand-Ruel et leur confrère Whistler* qui, après ses échecs répétés au Salon* parisien, mène une carrière brillante et inspirée. Ce n'est plus Rome ou Florence qui priment dans le désir d'Italie des peintres impressionnistes mais Venise, dont chacun vante la lumière. Manet* en 1875 et Renoir* en 1881 y séjournent et en rapportent de nombreuses toiles hautes en couleurs*. DL

LA VUE DU VILLAGE

Frédéric Bazille
1868. H/t 130 × 89.
Montpellier, musée Fabre.

À ce tableau réalisé en 1868 et présenté au Salon* de 1869, reste indissolublement lié ce commentaire de Berthe Morisot* à sa sœur Edma, le 1er mai 1869 : « Il cherche ce que nous avons si souvent cherché, mettre une figure en plein air, et cette fois-ci il me paraît avoir réussi. » En effet, les recherches communes des élèves de l'atelier Gleyre (voir Apprentissage), lors de leurs excursions en région parisienne, portent d'abord sur la peinture de plein air (voir Peindre sur le motif), puis rapidement sur la représentation simultanée du paysage et de la figure*.

Avec les *Femmes au jardin* de 1866-1867 (voir ill. p. 58), Monet* présente une œuvre totalement réalisée en plein air, mais que le jury du Salon rejette, arguant du traitement trop sommaire du paysage. Bazille* acquiert immédiatement cette toile pour 2 500 F, payable par mensualités. La leçon que représente ce tableau permet alors à son propriétaire de présenter au Salon de 1867 *La Terrasse de Méric* (1867, Genève) et au Salon de 1868 *Réunion de famille* (1867, Orsay) qu'il réalise dans des conditions identiques. Mais contrairement à Monet, il recourt à la formule traditionnelle des personnages au premier plan dans l'ombre, et du paysage lointain et limité, fortement ensoleillé.

Dans cette *Vue du village*, qui doit donc tant à Monet, Bazille reprend en l'inversant son tableau de 1864 (*La Robe rose*, Orsay) : désormais le personnage représenté fixe le spectateur. La fille du jardinier de ses parents en robe claire, mais dont les pans de la ceinture rouge viennent animer l'angle inférieur droit de la toile, est assise sur une terrasse. Elle est adossée à un pin qui bloque la composition en haut à droite, et se détache sur une rangée de cyprès au vert profond, devant la représentation détaillée du village de Castelnau. Personnage et paysage sont désormais intimement liés, le tableau répond enfin à la recherche entreprise par le groupe* depuis 1865. DL

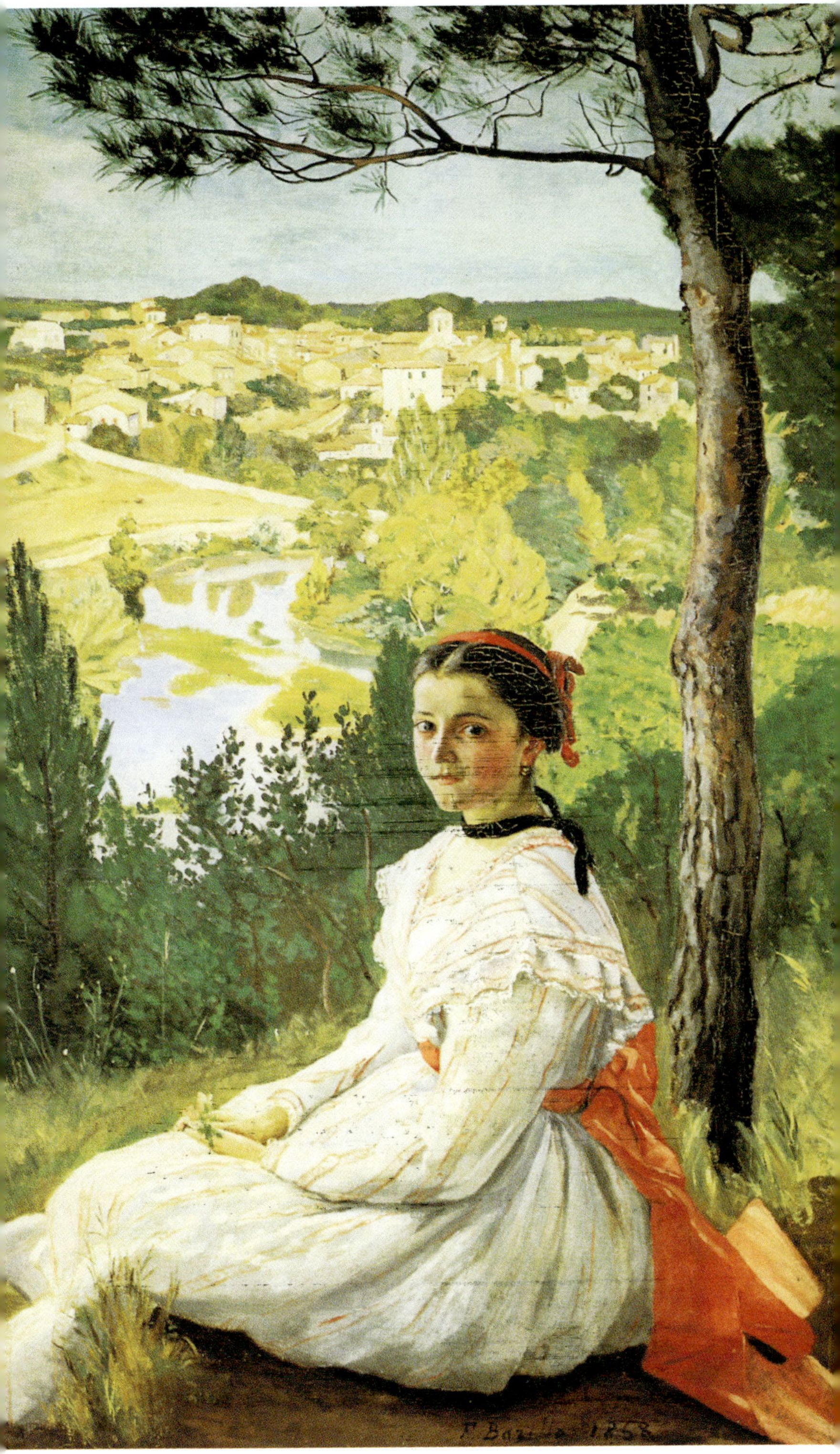

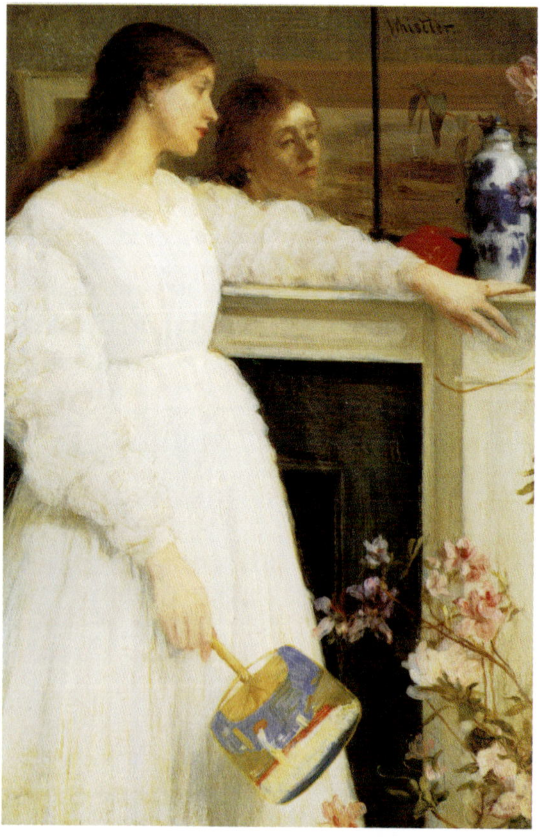

James McNeill Whistler, *Symphonie en blanc n° 2*, 1864. H/t 76,5 × 51,5. Londres, Tate Gallery.

Whistler (James McNeill)

En 1863, *La Dame blanche* de Whistler ne fait pas moins scandale que *Le Déjeuner* sur l'herbe* de Manet*. Autant que la rêverie mystérieuse du modèle, le scintillement qui en résulte – on pense à Gainsborough autant qu'à Greuze – retiendra les novateurs, de Manet (*La Lecture*, 1865-1873, Orsay) à Renoir* (*Lise*, 1867, Essen). Cet imprévisible triomphe justifie la place du jeune Américain (il est né en 1839 dans le Massachusetts et débarque à Paris en 1855) dans le portrait de groupe* qu'en 1864 son ami Fantin-Latour* réussit à exposer au Salon*. Dans cet *Hommage à Delacroix* (voir ill. p. 56), Whistler tient tête à Manet et aux autres figures de la nouvelle* peinture. Parti de Courbet* avec qui il peindra encore en 1865 à Trouville (voir Côtes de la Manche) de solides marines, Whistler sous l'emprise de l'Angleterre, où il vit depuis la fin de 1858, évolue vers un réalisme épuré, tributaire du japonisme* qui se répand en Europe, des préraphaélites anglais et des poètes qu'il côtoie à Londres.

Cette volonté de raffinement, coloris moelleux et arabesques de courbes indolentes, se décèle dès *La Symphonie en blanc n° 2* et surtout, deux ans plus tard, dans les vues crépusculaires du port de Valparaíso, qui joignent la simplicité formelle de l'estampe japonaise à l'extrême fluidité de certains Turner ou du tachisme chinois. Si le sujet s'amenuise, il ne disparaît pas sous les diaprures rares de l'arrangement coloré. La peinture se veut pareille à la musique* (plus tard Debussy *transposera* des marines de Whistler), plus suggestive que descriptive, libérant le réel de toute anecdote, de toute dimension utilitaire et de toute laideur.

En 1873, Paul Durand-Ruel (voir Marchands) expose Whistler à Paris. Encore sous le choc, Monet* peint au Havre, *Impression, soleil levant.* Commence alors la seconde gloire du peintre américain, dont l'amitié de Mallarmé* et l'admiration de Proust* restent les plus éloquents témoignages. SG

Ci-contre : Paul Cézanne, *Paul Alexis lisant à Émile Zola*, vers 1869-1870. H/t 130 × 160. São Paulo, Museu de Arte.

ZOLA : DE MANET CÉLÉBRÉ À CÉZANNE CONDAMNÉ
« Une œuvre d'art est un coin de la création vu à travers un tempérament ».

« À mon ami Paul Cézanne*[…]. C'est pour toi seul que j'écris ces pages […]. Il y a dix ans que nous parlons art et littérature », par ces mots, Zola dédie *Mon salon*, le recueil de ses critiques parues entre le 27 avril et le 20 mai 1866 dans *L'Événement*. Ainsi il rend hommage au jeune peintre qu'il avait connu au collège d'Aix, et avec lequel il fréquente à Paris les Salons*, les musées et les artistes. Cette année-là, alors que Cézanne est refusé au Salon, Zola s'enflamme pour les œuvres de Manet*. Il écrit vivement, avec passion, comme dans sa première critique intitulée sans ambiguïté, « Mes croyances à coups de massue » (1865-1866). Ainsi qu'il le dit à Duret* :

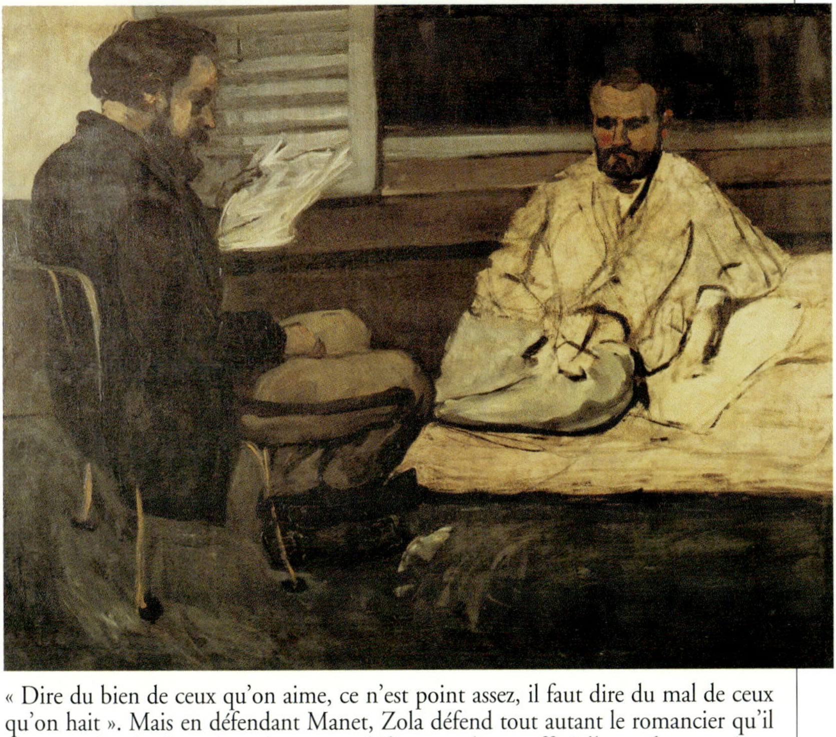

« Dire du bien de ceux qu'on aime, ce n'est point assez, il faut dire du mal de ceux qu'on hait ». Mais en défendant Manet, Zola défend tout autant le romancier qu'il est en train de devenir et lance un défi aux valeurs officielles et bourgeoises. En 1868, il remarque dans ses chroniques à *L'Événement illustré*, Pissarro*, Monet*, Renoir*, Bazille*, Morisot*, Degas*… Et Cézanne ? Encore refusé aux Salons de 1867 et de 1868, il est soutenu, mais avec réserve, par Zola dans une lettre au *Figaro* comme un peintre au « talent vigoureux et personnel ».
En 1877, pour la troisième exposition des impressionnistes (voir Groupe), il publie un article élogieux. Mais en 1879, il leur reproche d'être « trop facilement satisfaits » et de ne faire « qu'indiquer le chemin au grand artiste de l'avenir que le monde attend ». Le roman *L'Œuvre*, publié en 1886, sur le monde des artistes est celui de l'échec d'un peintre, de la faillite d'une vocation et de l'inaboutissement d'un talent. Les impressionnistes condamnent le roman. Cézanne retire définitivement et douloureusement son amitié au romancier. La peinture des impressionnistes ne pouvait se réduire au naturalisme que prônait Zola, le romancier. LM

1848 22-24 février : révolution et instauration de la seconde République.

1850 Manet (1832-1883) décide d'apprendre la peinture auprès de Thomas Couture dont il fréquentera irrégulièrement l'atelier durant six ans.

1852 2 décembre : début du second Empire.

1856 Après s'être formé auprès de Félix Barrias et de Louis Lamothe, Degas (1834-1917) part pour trois ans en Italie où il se lie à Bonnat et Gustave Moreau. Au Havre, où sa famille s'est installée, Monet (1840-1926) est proche de Boudin.

1859 Pissarro (1830-1903) et Monet fréquentent l'académie Suisse, quai des Orfèvres. Cézanne (1839-1906) se forme à l'école municipale libre de dessin d'Aix-en-Provence.

1860 Le 1er juin, Monet rejoint le premier régiment de chasseurs d'Afrique à Alger. De retour en France à l'été 1862, il se rapproche de Jongkind.

1861 Cézanne, lors d'un premier séjour à Paris, fait la connaissance de Pissarro à l'académie Suisse. C'est à cette époque que se situe la rencontre de Degas et Manet, copistes assidus des maîtres du Louvre. Dans l'atelier de Charles Gleyre, Renoir (1841-1919) et Sisley (1839-1899) nouent de durables liens d'amitié. En novembre, Bazille (1841-1870) s'y inscrit à son tour.

1863 Une solide amitié naît entre Bazille et Monet – élève de Gleyre depuis la fin de l'année 1862 – qui peignent en forêt de Fontainebleau. Le 15 mai ouvrent simultanément le Salon et le Salon des refusés où *Le Bain* de Manet (rebaptisé plus tard *Le Déjeuner sur l'herbe*) et *La Dame blanche* de Whistler font scandale. Cézanne expose aussi parmi les exclus. Parution du *Peintre de la vie moderne* de Baudelaire.

1864 Au Salon, si Cézanne est refusé, Manet, Berthe Morisot (1841-1895), Pissarro et Renoir sont admis. De la mi-mai à la mi-juillet, Bazille et Monet, proches de Jongkind, peignent à Honfleur.

1865 Au Salon qui ouvre le 1er mai, Morisot, Whistler, Pissarro, Renoir exposent, de même que Degas et Monet, dont c'est la première admission. Face à *Olympia* de Manet la critique se déchaîne. Durant l'été Monet peint son *Déjeuner sur l'herbe*.

1866 Au Salon, Manet, Renoir et Cézanne se voient refuser leurs œuvres tandis que Morisot, Bazille, Degas, Pissarro et Sisley exposent. La *Camille* de Monet reçoit un accueil critique des plus favorables. Zola rédige à cette occasion son premier compte rendu du Salon où il condamne sans détour le jury qui a exclu les envois de Manet. Pissarro s'installe à Pontoise.

1867 Rue Visconti où il loue son atelier, Bazille héberge Renoir et, momentanément, Monet qui peint alors ses vues du Louvre. Sisley se joint de temps en temps à eux. En marge du Salon, d'où sont exclus Bazille, Cézanne, Pissarro, Renoir, Sisley et Monet, et de l'Exposition universelle, Courbet et Manet font construire deux pavillons pour y exposer une bonne part de leur production ancienne et présente.

1868 Grâce à l'opiniâtreté du paysagiste Daubigny, membre du jury, le Salon s'ouvre davantage aux habituels exclus : Monet, Bazille, Degas, Pissarro, Sisley. Et si Cézanne est refusé, Renoir triomphe avec *Lise*. Monet passe l'hiver à Étretat.

1869 Au début de l'année, le jury du Salon repousse *L'Exécution de l'empereur Maximilien* de Manet qui met ouvertement en cause la politique impériale au Mexique. Zola dénonce aussitôt dans *La Tribune* cet abus de pouvoir. Le Salon qui se ferme à Monet, Sisley et Cézanne montre Bazille, Degas, Pissarro et Renoir. Manet expose *Le Balcon* où figure Berthe Morisot. En septembre, Monet et Renoir peignent de concert les bains de la Grenouillère sur l'île de Croissy. Ces pochades préludent à la facture *impressionniste*.

1870 Défaite de Sedan.
Au Salon Bazille, Renoir, Sisley, Degas et Manet exposent ; mais en sont exclus Cézanne et Monet. Ce dernier refus provoque la démission de Millet et Daubigny du jury. La guerre fait s'enrôler les uns (Degas, Manet) et fuir les autres : Cézanne à l'Estaque, Pissarro et Monet à Londres, où ils participent à la première exposition organisée par Durand-Ruel. Le 28 septembre, Bazille tombe sous la mitraille ennemie à Beaune-la-Rolande.

1871 18 mars-28 mai : Commune de Paris.
Après l'exil londonien, Pissarro se réinstalle à Louveciennes, où décide de vivre aussi Sisley. Monet, quant à lui, s'établit avec sa famille à Argenteuil. Sisley l'y rejoindra l'année suivante.

1872 À Londres, Durand-Ruel continue à organiser des expositions où figurent entre autres des œuvres de Degas, Monet, Pissarro et Sisley. En revanche, ils n'envoient rien au Salon parisien qui ouvre le 1er mai et où Manet expose, de même que Mary Cassatt.
Cézanne s'installe pour deux ans à Auvers-sur-Oise.

1873 Mac-Mahon devient président de la troisième République.
En janvier, le critique Théodore Duret achète ses premiers Renoir, dont *Lise*. Cézanne fait la connaisance du Dr Gachet en février et du père Tanguy en décembre, lequel va devenir son premier marchand. Monet, Pissarro et Sisley se tiennent à l'écart du Salon.
Caillebotte entre à l'École des beaux-arts pour quelques mois en tant qu'élève de Bonnat.

1874 Le 15 mai, dans l'atelier du photographe Nadar, boulevard des Capucines, débute la première exposition de ceux que, le 25, Louis Leroy baptisent les « impressionnistes » par allusion ironique à *Impression, soleil levant* de Monet. Cézanne y expose sa *Maison du pendu* et Berthe Morisot, avec grand succès, *Le Berceau*. Degas, Pissarro, Renoir, entre autres, sont aussi présents, mais pas Manet. Quelques anciens comme Boudin et Cals se joignent à la manifestation.

1875 Au Salon, Manet expose *La Seine à Argenteuil*, brève incursion dans le paysage impressionniste que la critique raille à loisir.

1876 Durand-Ruel abrite à partir du 1er avril la

deuxième exposition impressionniste, qui accueille avec Caillebotte un peintre de talent et le futur organisateur des manifestations du groupe. Ce sont ses tableaux ainsi que ceux de Degas qui inspirent au critique Edmond Duranty la plupart des analyses de son essai, *La Nouvelle Peinture*. En avril, Manet présente dans son atelier une exposition de ses tableaux. Grâce à Caillebotte, Monet loue un petit appartement près de la gare Saint-Lazare, qu'il peut ainsi peindre à loisir.

1877 À la troisième exposition impressionniste, Renoir accroche son *Bal au Moulin de la Galette*, qui sera acheté par Caillebotte, organisateur et exposant de la manifestation.

1878 Deux ventes à l'hôtel Drouot, celles de tableaux impressionnistes appartenant au baryton Faure et à Ernest Hoschedé, se soldent par des échecs cuisants. En mai Théodore Duret publie *Les Peintres impressionnistes* : Monet, Sisley, Pissarro, Renoir et Morisot sont pris en compte, mais non Degas et Manet. Le livre entérine une scission de fait, qui éclate au jour dès l'année suivante. Monet s'installe à Vétheuil, où il vivra avec Alice Hoschedé.

1879 Après la démission de Mac-Mahon, Jules Grévy est élu à la présidence de la République.
Le 10 avril, s'ouvre la quatrième exposition impressionniste, dont Cézanne, Renoir et Sisley se tiennent volontairement à l'écart. En revanche – et ceci explique cela –, Degas pousse ses fidèles tels Mary Cassatt, Rouart, Zandomeneghi et Forain.

1880 Ni Monet, ni Renoir, et pas plus Sisley ne participent à la cinquième exposition impressionniste où Degas et les siens règnent en maîtres. En revanche, les deux premiers exposent au Salon, tout comme Manet, déjà malade.

1881 Le Salon, libéré de la tutelle de l'État depuis mars, accueille deux Manet et deux Renoir. Ce dernier, tout comme Cézanne, Monet et Sisley, renonce à se joindre à la sixième exposition impressionniste.

1882 Grâce aux actions conjuguées de Durand-Ruel et de Caillebotte, la septième exposition impressionniste réunit des œuvres de tous les membres du premier groupe. Renoir y fait admirer son *Déjeuner de canotiers*. Manet envoie au Salon *Un bar aux Folies-Bergère*. Pour la première fois, et grâce à l'appui de Guillemet, Cézanne est admis à exposer.

1883 Manet meurt le 30 avril ; à son enterrement sont présents Monet, Zola, Duret et Antonin Proust, son ami de toujours, ministre des Beaux-Arts de Gambetta depuis 1881. En décembre, Renoir et Monet, qui s'est installé à Giverny, rendent visite à Cézanne à Aix-en-Provence.

1885 Duret publie *Critique de l'avant-garde*, nouvelle étape vers la reconnaissance de la « nouvelle peinture », dont la cote – celle surtout de Monet et Degas – ne cesse de croître.

1886 La publication, le 1er avril, de *L'Œuvre* de Zola entraîne une rupture définitive entre l'écrivain et Cézanne qui se reconnaît sans mal dans le portrait du peintre Claude Lantier, le « génie raté ».
Le 15 mai s'ouvre l'ultime exposition impressionniste, dont le nom n'est plus justifié que par la présence de Pissarro et de Berthe Morisot. Seurat y expose *Un dimanche après-midi à l'île de la Grande Jatte*.
Le père de Cézanne meurt le 23 octobre. L'héritage est important.

1887 Réélu en 1885, Jules Grévy est contraint à la démission dans un climat de scandale. À nouveau londonien, Monet séjourne deux semaines en août chez Whistler.

1888 En janvier Durand-Ruel ouvre une galerie à New York.

1889 À l'Exposition centennale d'art français, organisée à l'occasion de l'Exposition universelle, Cézanne, Monet et Pissarro sont présents, mais Degas et Renoir ont refusé d'y participer.

1890 Afin d'éviter le départ du tableau à l'étranger et parce qu'ils y voient le symbole des combats de leur jeunesse quelques peintres (dont Monet, Degas et Caillebotte) contribuent à l'achat d'*Olympia* de Manet et en font don à l'État.

1891 La série des meules est exposée chez Durand-Ruel avec grand succès.

1894 Quelques mois avant le premier procès de Dreyfus, Sadi Carnot est assassiné. Casimir Perier devient président de la République.
Caillebotte meurt le 21 février ; il lègue à l'État soixante-neuf tableaux et pastels, dont vingt-neuf pièces seront écartées.

1895 Deux expositions capitales marquent cette année : celle des cathédrales de Monet chez Durand-Ruel, et celle de Cézanne chez le nouveau marchand Ambroise Vollard.

1898 30 janvier Zola dreyfusard lance son « J'accuse ».

1899 Sisley meurt le 29 janvier.

1903 Toulouse-Lautrec meurt en septembre, et Pissarro deux mois plus tard.

1905 Séparation de l'Église et de l'État.

1906 Alors que sa peinture commence à parcourir l'Europe, Cézanne s'éteint dans sa maison d'Aix-en-Provence. L'année suivante cinquante de ses toiles seront montrées au Salon d'automne.

1907 *Olympia* rejoint les cimaises du Louvre.

1913 Poincaré devient président de la République.

1914 31 juillet : Jaurès est assassiné.
3 août : l'Allemagne déclare la guerre à la France.

1917 Degas succombe à une crise cardiaque.

1918 11 novembre : armistice de Rethondes.

1919 Renoir qui vient de voir entrer au Louvre l'un des chefs-d'œuvres de sa période néoclassique, *Madame Georges Charpentier et ses enfants*, meurt le 3 décembre.

1927 Décédé le 6 décembre 1926, Monet n'aura pas vu son cycle des nymphéas entièrement installé ; il est inauguré à l'Orangerie des Tuileries le 17 mai.

I N D E X

BIBLIOGRAPHIE SÉLECTIVE

Jean Clay, *L'Impressionnisme*, Paris, 1971.
Françoise Cachin et Charles Moffett et *al.*, *Manet : 1832-1883*, Paris, Galeries nationales du Grand Palais, et New York, Metropolitan Museum of Art, 1983.
John Rewald, *Histoire de l'impressionnisme*, Paris, 1986.
Robert L. Herbert, *L'Impressionnisme. Les plaisirs et les jours*, Paris, 1988.
Anne Distel, *Les Collectionneurs des impressionnistes*, Paris, 1989.
Henri Loyrette, *Degas*, Paris, 1991.
Henri Loyrette et Gary Tinterow, *Impressionnisme. Les origines (1859-1869)*, Paris, Galeries nationales du Grand Palais, et New York, Metropolitan Museum of Art, 1994-1995.
Paul Smith, *L'Artiste impressionniste*, Paris, 1995.

Artistes ayant participé aux expositions impressionnistes

Astruc, Zacharie	1874
Attendu, Antoine-Ferdinand	1874
Béliard, Édouard	1874, 1876
Boudin, Eugène	1874
Bracquemond, Félix	1874, 1879, 1880
Bracquemond, Marie	1879, 1880, 1886
Brandon, Édouard	1874
Bureau, Pierre-Isidore	1874, 1876
Caillebotte, Gustave	1876, 1877, 1879, 1880, 1882
Cals, Adolphe-Félix	1874, 1876, 1877, 1879
Cassatt, Mary	1879, 1880, 1881, 1886
Cézanne, Paul	1874, 1877
Colin, Gustave	1874
Cordey, Frédéric	1877
Debras, Louis	1874
Degas, Edgar	1874, 1876, 1877, 1879, 1880, 1881, 1886
Desboutin, Marcellin	1876
Forain, Jean-Louis	1879, 1880, 1881, 1886
François, Jacques	1876, 1877
Gauguin, Paul	1880, 1881, 1882, 1886
Guillaumin, Armand	1874, 1877, 1880, 1881, 1882, 1886
Lamy, Pierre-Franc	1877
Latouche, Louis	1874
Lebourg, Albert	1879, 1880
Legros, Alphonse	1876
Lepic, Ludovic-Napoléon	1874, 1876
Lépine, Stanislas	1874
Levert, Jean-Baptiste-Léopold	1874, 1876, 1877, 1880
Maureau, Alphonse	1877
Meyer, Alfred	1874
Millet, Jean-Baptiste	1876
Molins, Auguste de	1874
Monet, Claude	1874, 1876, 1877, 1879, 1882
Morisot, Berthe	1874, 1876, 1877, 1880, 1881, 1882, 1886
Mulot-Durivage	1874
Nittis, Joseph de	1874
Ottin, Auguste-Louis-Marie	1874
Ottin, Léon-Auguste	1874, 1876
Piette, Ludovic	1877
Pissarro, Camille	1874, 1876, 1877, 1879, 1880, 1881, 1882, 1886
Pissarro, Lucien	1886
Raffaëlli, Jean-François	1880, 1881
Raffaëlli, Jean-Marius	1880
Redon, Odilon	1886
Renoir, Pierre-Auguste	1874, 1876, 1877, 1882
Robert, Léopold	1874
Rouart, Henri	1874, 1876, 1877, 1879, 1880, 1881, 1886
Schuffenecker, Émile	1886
Seurat, Georges	1886
Signac, Paul	1886
Sisley, Alfred	1874, 1876, 1877, 1882
Somm, Henry	1879
Tillot, Charles	1876, 1877, 1879, 1880, 1881, 1886
Vidal, Eugène	1880, 1881
Vignon, Paul-Victor	1880, 1881, 1882, 1886
Zandomeneghi, Federico	1879, 1880, 1881, 1886

Crédits photographiques : Baltimore, Museum of Art ; Boston, Museum of Fine Arts ; Copenhague, Ordrupgaardsamlingen ; Dijon, musée des Beaux-Arts ; Glasgow, Museum and Art Galleries ; Hambourg, Kunsthalle ; Londres, Tate Gallery ; Montpellier, musée Fabre ; Munich, Neue Pinakothek ; New York, Metropolitan Museum of Art ; Oslo, Nasjonalgalleriet ; Paris, Bibliothèque nationale, Réunion des musées nationaux, Roger-Viollet ; Philadelphie, Museum of Art ; Rouen, musée des Beaux-Arts ; São Paulo, Museu de Arte ; Stockholm, Nationalmuseum ; Washington, National Gallery of Art.

Directeur de la série Art : Stéphane Guégan
Coordination éditoriale : Béatrice Petit
Rewriting : Violaine Gérard
Direction artistique : Frédéric Célestin, Paris
Photogravure, Flashage : Pollina s.a., Luçon
Achevé d'imprimer en novembre 2018 par GPS Group, Slovénie

EAN : 978-2-08-011773-1

N° d'édition : L01EBUNFA1773.A019

Dépôt légal : mai 1995

Légende des pages 4 et 5 : Claude Monet, *Femmes au jardin* (détail), 1867. Paris, Orsay.
Légende de la page 6 : Édouard Manet, *Le Balcon*, 1868-1869. H/t 169 × 125. Paris, Orsay.